英検 ランク順

英検® 4級
英単語

730

単語＋熟語・会話表現

Gakken

はじめに

　最新の出題データを徹底分析し，本当に役に立つ情報だけをまとめた『ランク順』シリーズは，シリーズ累計460万部を超えるベストセラーになりました。

　このたび『ランク順』から英検シリーズを刊行するにあたり，過去7年分の英検過去問をテキスト化した膨大な語数のデータベース（コーパス）を作成し，筆記問題からリスニングテストのスクリプト（台本）までを徹底分析しました。これにより，過去の傾向から本当に「出る」単語・熟語だけを，本当に「出る」使い方で学習することができます。

　単語を学習することは，英検合格のための第一歩です。英検では，小・中学校の勉強や高校入試対策ではあまり見かけない単語も出題されます。出題されやすい単語の意味や使い方を，本書を使って効率よく学習しましょう。

　また，単語・熟語に加えて，英検でよく出題される会話表現をまとめたページも収録しています。会話表現は筆記問題だけでなく，リスニングテストでも出題されます。よく出る会話表現の意味や使い方，また発音を確認しておきましょう。

　さらに，モバイル学習に便利なダウンロード音声や，クイズ形式で手軽に単語・熟語を確認できるWebアプリも提供しています。これらの機能も活用して，いつでもどこでも英検の対策をすることができます。本書がみなさんの英検対策学習の心強いパートナーとなり，合格・得点アップの手助けになることを心より願っています。

Gakken

CONTENTS

ランク順英検4級英単語730

👑 この本の特長と使い方

英検の過去問を徹底分析

　過去7年分の英検の過去問を徹底分析して，英検に出やすいものだけを厳選して収録しました。また，英検によく出る単語の組み合わせ（コロケーション）をもとに例文も作成していますので，本書を使って単語の学習をすれば，英検に合格するための単語力を最短ルートで効率よく身につけることができます。

覚えやすいジャンル別ランク順

　単語の学習は，関連のある単語どうしをまとめて覚えるのが効率的です。本書では，初めて英検を受験するみなさんでも無理なく単語の学習が進められるように，名詞は覚えやすいジャンル別のランク順を採用しています。また，数ページおきに，それぞれのジャンルでよく出る単語をまとめて覚えられるイラストのページも用意しています。

頻出熟語もカバー

　英検4級では，熟語の出題もあります。また，単語と同様に，筆記，リスニングの両方において熟語の理解が求められます。本書の熟語の章では，ランク順に熟語を紹介しています。熟語のすべてに例文を掲載しているので，より熟語の理解が深まる上，試験ではどのような文で使われているのかがわかります。

よく出る会話表現も収録

　英検では，筆記試験だけでなく，リスニングテストでも会話形式の問題が多く出題されます。本書では過去問の分析結果から，730のよく出る単語・熟語に加えて，よく出る会話表現も収録しています。表現の意味を覚えるとともに，実際にダウンロード音声を聞いて，会話形式の問題に慣れておきましょう。

Webアプリ，ダウンロード音声つき

　単語を学習する上で，意味を覚えることと同様に大事なのが音声を聞くことです。特に英検ではリスニングテストもあるので，単語の発音がわからなければ高得点を狙うことは難しいでしょう。本書では，いつでもクイズ形式で単語・熟語の学習ができる音声つきWebアプリと，本書に掲載されている単語・熟語と会話表現の発音と訳を確認できるダウンロード音声（音声再生アプリとMP3ダウンロード対応）がご利用になれます（→p.20）。これらを活用して，英語を正しく聞き取れるようにトレーニングしておきましょう。

基本構成　単語編

覚えやすい！厳選された訳語

覚えておくべき最も重要な訳語を厳選し，暗記しやすくしました。

1見開き1音声ファイル

ダウンロード音声のファイルナンバーを表示しています。聞きたい単語がすぐに探せるように，1見開き1ファイルになっています。

ジャンル別ランク順

ジャンル別のランク順になっているので，関連する単語をまとめて覚えられます。

最もよく出る例文を掲載

英検の過去問を徹底分析し，最も出やすい使い方を例文やフレーズで紹介しています。

◆)) 016

weather
ウェザァ
[wéðər]

名 天気
▶ How will the **weather** be tomorrow?
— It'll be sunny.
（あしたの天気はどうなりそうですか。
— 晴れるでしょう。）
ふつう天気を表す文は it を主語にする。

この文を「それ」と訳さないように注意。

まとめてCheck!　天気に関する語

太陽	sun	晴れた	sunny	暑い	hot
雲	cloud	くもりの	cloudy	暖かい	warm
雨	rain	雨の	rainy	すずしい	cool
雪	snow	雪の	snowy	寒い	cold

snow
スノウ
[snou]

名 雪　動 雪が降る

cloud
クラウ
[klaud]

名 雲
▶ There weren't any **clouds** in the sky.
（空には雲が1つもありませんでした。）

日付・数

one
ワン
[wʌn]

形名 1(の)
代 (前に出た名詞をさして)もの
▶ My bag is smaller than this **one**.
（私のかばんはこのかばんより小さい。）

前に出た名詞のくり返しをさける代名詞としても使われるよ。

first
ファースト
[fəːrst]

形名 最初(の)，1番目(の)
▶ the **first** floor（1階）
▶ It's my **first** time here.（ここは私は初めてです。）

62

6

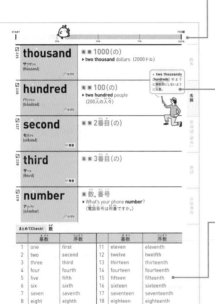

START ————————————— 25% ————— 50% ————— 75% ————— 730語 100%

thousand
サウザンド
[θáuzənd]
つづり
形 名 **1000(の)**
▶ two thousand dollars (2000ドル)

hundred
ハンドレッド
[hʌ́ndrəd]
つづり
形 名 **100(の)**
▶ two hundred people (200人の人々)

« two thousands [hundreds] のように複数形にしないよう に注意。

second
セカンド
[sékənd]
発音
形 名 **2番目(の)**

third
サ〜ド
[θə́ːrd]
発音
形 名 **3番目(の)**

number
ナンバー
[nʌ́mbər]
つづり
名 **数, 番号**
▶ What's your phone number? (電話番号は何番ですか。)

まとめてCheck! 数

	基数	序数		基数	序数
1	one	first	11	eleven	eleventh
2	two	second	12	twelve	twelfth
3	three	third	13	thirteen	thirteenth
4	four	fourth	14	fourteen	fourteenth
5	five	fifth	15	fifteen	fifteenth
6	six	sixth	16	sixteen	sixteenth
7	seven	seventh	17	seventeen	seventeenth
8	eight	eighth	18	eighteen	eighteenth
9	nine	ninth	19	nineteen	nineteenth
10	ten	tenth	20	twenty	twentieth

63

達成度がひと目でわかる！
全730の英単語・熟語をどのくらい覚えたかが、ひと目でわかるように到達点が示されています。

合格へのポイントを解説
間違えやすいポイントや、単語を覚えるためのヒントを解説しています。特に重要な解説は黄色のふきだしになっています。

関連づけて効率学習
まとめてCheck! …同じ仲間の単語をまとめた表や、使い分けが必要な単語をイラストつきで紹介したりしています。

関連…たくさんの単語を関連づけて効率よく覚えられるように、同じ意味や似た意味の単語、反対の意味の単語などを紹介しています。

同音…異なるつづりで同じ読み方をする単語を紹介しています。

熟語編

全熟語に例文を掲載

熟語は使い方とともに覚えるのがより効果的なので，熟語編では，すべての見出しの熟語に例文を掲載しています。また，ポイントの解説や関連語も充実しています。

◀) 047

熟語

want to ～　～したい
▶ She **wants to** join the music club. （彼女は音楽部に入りたがっています。）

go shopping　買い物に行く
▶ I often **go shopping** with my mother. （私は母とよく買い物に行きます。）
〈go＋動詞のing形〉で「～しに行く」という意味。

会話表現編

場面別に会話表現も紹介

それぞれの表現が使われる場面別に，英検でよく出る会話表現も紹介しています。見出しの表現は会話形式の掲載なので，よく出るやりとりをそのまま覚えることができます。

SCENE　◀) 055

出会いと別れのあいさつ

Hi, I'm Riku.
— Hello. My name is Judy.
こんにちは，ぼくはリクです。
— こんにちは。私の名前はジュディーです。

What's your name?
— I'm Takuya. Please call me Taku.
お名前は何ですか。
— ぼくはタクヤです。タクと呼んでください。
関連 **May I have your name?** （お名前をうかがってもよろしいですか。）

この本の記号と表記

語形変化

不規則なもの，注意を要するものに表示してあります。

過…動詞の過去形を表記しています。

比…形容詞・副詞の比較級と最上級を，次の順に表記しています。

　　比　比較級 － 最上級

3単現…動詞の3人称単数・現在形を表します。

ing形…動詞のing形を表します。

品詞

名… 名詞（または名詞の働きをする語句）

代…代名詞

動…動詞

助…助動詞

形…形容詞

副…副詞

前…前置詞

接…接続詞

間…間投詞

冠…冠詞

発音記号

　発音記号は，教科書や辞書によって表記が異なる場合があります。発音が米・英で異なる場合は米音だけを，複数ある場合は主要なものだけを表記しました。

　また，本書ではカタカナによる発音表記もしていますが，英語の発音をカタカナで正確に表すことは困難です。発音記号に慣れるまでの手がかりとして参考にしてください。なお，太字は強く読む部分を表しています。特にアクセントを注意したい単語にはアクセント位置に▼のマークをつけているので，しっかり覚えましょう。

英検4級の試験について

実用英語技能検定（英検）は，文部科学省後援の検定として人気があり，入試や就職でも評価されています。英検4級を受験するみなさんのために，申し込み方法や試験の行われ方などの役立つ情報を紹介します。

4級の試験実施方法

試験は筆記とリスニング

4級の試験時間は筆記試験35分，リスニングテスト約30分の合計約65分です。筆記試験が終わると，2分ほどの準備時間のあと，すぐにリスニングテストが行われます。

筆記試験もリスニングテストも，解答はすべてマークシート方式です。リスニングテストの解答時間は，1問につき10秒与えられます。

自宅の近くや学校で受けられる

英検は，全国の多くの都市で実施されています。申し込み方法にもよりますが，たいていは自宅の近くの会場や，自分の通う学校などで受けられます。

試験は年3回実施される

4級の試験は，6月（第1回）・10月（第2回）・1月（第3回）の年3回行われます。申し込みの受付の締め切りは，試験日のおよそ1か月前です。

なお，申し込み方法によって試験日程や会場が異なりますので，試験日と会場は必ず確認しておきましょう。

試験の申し込み方法

団体申し込みと個人申し込みがある

英検の申し込み方法は、学校や塾の先生を通じてまとめて申し込んでもらう団体申し込みと、自分で書店などに行って手続きする個人申し込みの2通りがあります。中学生・高校生の場合は、団体申し込みをして、自分の通う学校や塾などで受験することが多いようです。

まず先生に聞いてみよう

中学生・高校生の場合は、自分の通う学校や塾を通じて団体申し込みをすることが多いので、まずは英語の先生に聞いてみましょう。

団体本会場（公開会場）申し込みの場合は、先生から願書（申し込み用紙）を入手します。必要事項を記入した願書と検定料は、先生を通じて送ってもらいます。試験日程や会場なども、先生の指示に従いましょう。自分の通う学校や塾などで受験する「準会場受験」の場合、申し込みの際の願書は不要です。

個人で申し込む場合は書店・コンビニ・ネットで

■ 書店で申し込む
英検特約書店（受付期間中に英検のポスターを掲示しています）で検定料を払い込み、「書店払込証書」と「願書」を英検協会へ郵送する。

■ コンビニエンスストアで申し込む
店内の情報端末機から直接申し込む。（詳しくは英検のウェブサイトをごらんください。）

■ インターネットで申し込む
英検IDを取得後、英検のウェブサイトから申し込む。

4級のレベルと合格ライン

4級は「簡単な英語」レベル！

日本英語検定協会の審査基準によると，英検4級は「簡単な英語を理解することができ，またそれを使って表現することができる」レベルです。

配点は2技能均等！

筆記とリスニングの各技能ごとにスコアが表示され，その合計が合格基準スコアに達していれば合格です。

試験では「語い・文法力」「読解力」「聴解力（リスニングの力）」といった，さまざまな英語の力が総合的に試されます。苦手な分野を作らないように，それぞれの力をバランスよく身につけておくことが大切です。

解答はマークシート方式！

解答は，選択肢から1つを選び，解答用マークシートのその番号の部分をぬりつぶすマークシート方式です。試験では次の点に注意しましょう。

・HBの黒鉛筆を使うこと（シャープペンシルも使用可とされています）。ボールペンや色鉛筆は使えない。

・機械で読み取れるように，はっきりとぬりつぶすこと。

・間違えてマークしてしまったときは，消しゴムできれいに消してから，新しい解答をマークすること。

英検攻略アドバイスと本番スケジュール

単語数は教科書よりグーンと多い！

4級の試験には，英語の教科書には出てこない単語や熟語も出てきます。本書で扱っている単語や熟語はしっかり覚えておきましょう。

リスニングの対策を！

英検では，英語の技能が総合的に試されます。単語や文法などの学習に加え，本書のダウンロード音声などを活用して，リスニングのトレーニングもしておきましょう。また，スピーキングテストを受験する場合はその対策も必要です。

試験本番のスケジュール

① 当日は受験票兼本人確認票を必ず持参しましょう。
② 自分の受験する教室を確認し，着席します。（**受験番号によって教室がちがうので，**よく確認しましょう。また，お手洗いは混雑するので早めに行きましょう。）
③ 問題冊子と解答用紙が配られます。
④ 受験者心得の放送の指示に従って，解答用紙に**必要事項**を記入します。
⑤ 試験監督の合図で筆記試験開始！

👑 4級の出題内容

筆記試験

大問1 空所に入る適切な語句を選ぶ問題

短い文や会話を読んで，（　　）に適する語句を選ぶ問題です。おもに単語力と文法の知識が問われます。

大問2 空所に入る適切な英文を選ぶ問題

会話文を読んで，（　　）に適する文や語句を選ぶ問題です。会話の流れを読み取る力と，会話表現の知識が問われます。

大問3 語句の並べかえの問題

日本文の意味に合うように語句を並べかえて，2番目と4番目にくるものの正しい組み合わせを答える問題です。総合的な作文の力が問われます。

大問4 長文を読んで答える問題

長文を読んで，その内容についての質問に対する答えや文を完成させる語句を選ぶ問題です。A，B，Cの3つの形式があります。

4Aでは掲示などの短い「お知らせ」の文章，4Bでは「手紙」または「Eメール」のやり取り，4Cではまとまった量の説明文を読みます。4Aは2問，4Bは3問，4Cは5問あります。

リスニングテスト

第1部　適切な応答を選ぶ問題

A→B→Aの短い会話を聞いて，それに対するBの応答として適するものを，放送される選択肢から選ぶ問題です。問題用紙に印刷されているのはイラストだけで，応答の選択肢も放送で読まれます。（会話と選択肢は2度読まれます。）

第2部　対話文についての質問に答える問題

A→B→A→Bのやや長い会話と，その内容についての質問を聞いて，質問の答えを選ぶ問題です。問題用紙には選択肢の英文が印刷されています。（会話と質問は2度読まれます。）

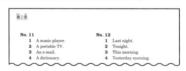

第2部

No. 11	No. 12
1 A music player.	**1** Last night.
2 A portable TV.	**2** Tonight.
3 An e-mail.	**3** This morning.
4 A dictionary.	**4** Yesterday morning.

第3部　英文についての質問に答える問題

やや長い英文と，その内容についての質問を聞いて，質問の答えを選ぶ問題です。問題用紙には選択肢の英文が印刷されています。（英文と質問は2度読まれます。）

第3部

No. 21	No. 22
1 Lisa.	**1** Last Thursday.
2 Emily.	**2** Last Friday.
3 Lisa's coach.	**3** Last Saturday.
4 Emily's coach.	**4** Last Sunday.

英検によく出る語形変化と重要単語

ここでは，英検4級によく出る単語の基本的な変化形をまとめて紹介しています。複数形や ing 形，過去形などの語形変化をしっかりおさらいしましょう。
また，英検4級によく出る代名詞や数詞（数を表す語と順序を表す語）を表の形でまとめています。効率よく覚えましょう。

1. 動詞の3単現と名詞の複数形のs,esのつけ方

動詞の3単現（3人称単数・現在形）と名詞の複数形は，同じルールで s や es をつける。まとめて覚えよう。

1 ふつうの語は語尾に **s** をつける。

3単現 like(好きだ) → likes　　walk(歩く) → walks

複数形 book(本) → books　　girl(女の子) → girls

2 **o, s, x, ch, sh** で終わる語は語尾に **es** をつける。

3単現 go(行く) → goes　　　teach(教える) → teaches

複数形 bus(バス) → buses　　dish(皿) → dishes

3 〈**子音字＋y**〉で終わる語は **y** を **i** にかえて **es** をつける。

3単現 study(勉強する) → studies　　try(ためす) → tries

複数形 city(都市) → cities　　country(国) → countries

4 **f, fe** で終わる語は **f, fe** を **v** にかえて **es** をつける。

複数形 leaf(葉) → leaves　　life(生命) → lives

2. 代名詞

「I – my – me – mine」のように，続けて発音しながら覚えよう。

	～は	～の	～を/に	～のもの		～は	～の	～を/に	～のもの
私	I	my	me	mine	私たち	we	our	us	ours
あなた	you	your	you	yours	あなたたち	you	your	you	yours
彼	he	his	him	his	彼ら				
彼女	she	her	her	hers	彼女ら	they	their	them	theirs
それ	it	its	it	—	それら				

1 **～は(主格)**……主語になる。

This is **Mike**. **He** is from Canada.
(こちらはマイクです。**彼は**カナダ出身です。)

2 **～の(所有格)**……持ち主を表す。

This is **my** bike. (これは**私の**自転車です。)
└─あとには名詞がくる

3 **～を/に(目的格)**……目的語になる。

That is **Mike**. Do you know **him**?
(あちらはマイクです。あなたは**彼を**知っていますか。)

4 **～のもの(所有代名詞)**……〈所有格＋名詞〉の働きをする。

Whose bike is this? — It's **mine**.
└─my bike のこと
(これはだれの自転車ですか。—それは**私のもの**です。)

3. 動詞のing形の作り方

動詞の ing 形は語尾によって次の 4 通りの作り方がある。

1 ふつうの語は **ing** をつける。 read（読む） → read**ing**

2 **e** で終わる語は **e** をとって **ing** make（作る） → mak**ing**
をつける。 write（書く） → writ**ing**

3 〈子音字＋アクセントのある短 run（走る） → run**ning**
母音＋子音字〉で終わる語は swim（泳ぐ） → swim**ming**
子音字を重ねて **ing** をつける。

4 **ie** で終わる語は，**ie** を **y** にか die（死ぬ） → d**ying**
えて **ing** をつける。 lie（横になる） → l**ying**

4. 規則動詞の過去形の作り方

規則的に変化する動詞と不規則に変化する動詞がある。

【規則動詞】

1 ふつうの語は **ed** をつける。 play（遊ぶ） → play**ed**

2 **e** で終わる語は like（好きだ） → lik**ed**
d だけをつける。 use（使う） → use**d**

3 〈子音字＋ **y**〉で終わる語は **y** study（勉強する）→ stud**ied**
を **i** にかえて **ed** をつける。 try（ためす） → tr**ied**

4 〈子音字＋アクセントのある短 stop（止まる） → stop**ped**
母音＋子音字〉で終わる語は drop（落ちる） → drop**ped**
子音字を重ねて **ed** をつける。

不規則動詞の過去形については，本文を参照して確実に覚えよう。

5. 基数と序数

英検には，数を表す表現がよく出題される。

1 1～20 まで

	基数	序数		基数	序数
1	one	**first**	11	**eleven**	eleventh
2	two	**second**	12	**twelve**	**twelfth**
3	three	**third**	13	**thirteen**	thirteenth
4	four	fourth	14	fourteen	fourteenth
5	five	**fifth**	15	**fifteen**	fifteenth
6	six	sixth	16	sixteen	sixteenth
7	seven	seventh	17	seventeen	seventeenth
8	eight	**eighth**	18	**eighteen**	eighteenth
9	nine	**ninth**	19	nineteen	nineteenth
10	ten	tenth	20	twenty	**twentieth**

*序数（「～番目」を表す語）は，first, second, third 以外は基本的には基数の語尾に **-th** をつけてつくる。

2 21～100 まで

	基数	序数		基数	序数
21	twenty-one	twenty-first	30	**thirty**	thirtieth
22	twenty-two	twenty-second	40	**forty**	fortieth
23	twenty-three	twenty-third	50	**fifty**	fiftieth
24	twenty-four	twenty-fourth	60	sixty	sixtieth
25	twenty-five	twenty-fifth	70	seventy	seventieth
26	twenty-six	twenty-sixth	80	**eighty**	eightieth
27	twenty-seven	twenty-seventh	90	ninety	ninetieth
28	twenty-eight	twenty-eighth	100	hundred	hundredth
29	twenty-nine	twenty-ninth			

WEBアプリ・音声について

本書に掲載している単語・熟語をクイズ形式で確認できる WEB アプリと，単語・熟語と会話表現すべてとその「訳」を収録した音声を無料でご利用いただけます。

WEBアプリのご利用方法

スマートフォンで LINE アプリを開き，「学研ランク順」を友だち追加いただくことで，クイズ形式で単語・熟語が復習できる WEB アプリをご利用いただけます。

↓LINE友だち追加はこちらから↓

※クイズのご利用は無料ですが，通信料はお客様の
　ご負担になります。
※ご提供は予告なく終了することがございます。

学研ランク順　Q検索

音声のご利用方法

読者のみなさんのスタイルに合わせて，音声は次の 2 通りの方法でご利用いただけます。

①アプリで聞く

音声再生アプリ「my-oto-mo（マイオトモ）」に対応しています。下記の二次元コードか URL にスマートフォンやタブレットでアクセスいただき，ダウンロードしてください。

https://gakken-ep.jp/extra/myotomo/
※アプリの利用は無料ですが，通信料はお客様の
　ご負担になります。
※パソコンからはご利用になれません。

②パソコンにダウンロードして聞く

下記の URL のページ下部のタイトル一覧から，「英検ランク順英検 4 級英単語 730」を選択すると，MP3 音声ファイルをダウンロードいただけます。

https://gakken-ep.jp/extra/myotomo/

※お客様のネット環境およびスマートフォン，タブレットによりアプリをご利用いただけない場合や，お客様のパソコン環境により音声をダウンロード，再生できない場合，当社は責任を負いかねます。また，アプリ，音声のご提供は予告なく終了することがございます。ご理解，ご了承をいただきますよう，お願い申し上げます。

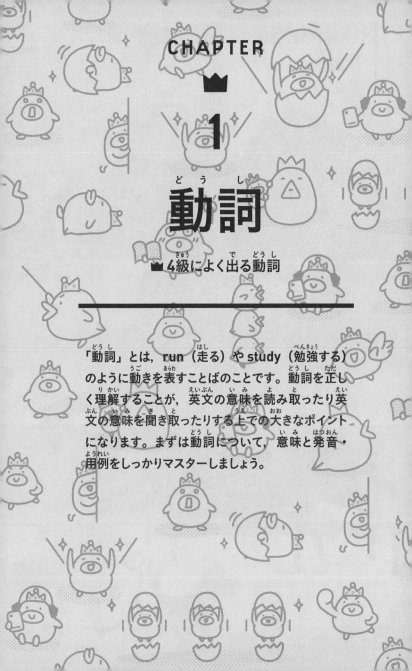

1

動詞

▶4級によく出る動詞

「動詞」とは，run（走る）や study（勉強する）のように動きを表すことばのことです。動詞を正しく理解することが，英文の意味を読み取ったり英文の意味を聞き取ったりする上での大きなポイントになります。まずは動詞について，意味と発音・用例をしっかりマスターしましょう。

fly
飛ぶ

catch
とる

drink
飲む

walk
歩く

sleep
眠る

wait
待つ

run
走る

talk
話す

23

THEME	動詞 (どう し)

☑ 1 **want**

ワーント
[wɑnt]

動 **ほしい, (want to ～で)～したい**
▶ I **want to** play tennis. (私はテニスをしたいです。)

☑ 2 **get**

ゲット
[get]

動 **得る, 着く, ～になる**
ing形 getting ⚠つづり 過 got [ガット]
▶ **get** a book from him (彼から本をもらう)

☑ 3 **make**

メイク
[meik]

動 **作る**
過 made [メイド]
▶ I **made** them lunch. = I **made** lunch **for** them.
(私は彼らに昼食を作ってあげました。)

☑ 4 **take**

テイク
[teik]

動 **(手に)取る, 連れて[持って]いく**
過 took [トゥック]
▶ **take** her **to** the zoo (彼女を動物園へ連れていく)
▶ **take** the bus to school (バスに乗って学校に行く)
〈**take 乗り物**〉で「**(乗り物)に乗る**」という意味。
▶ It'll **take** about ten minutes.
(10分くらいかかるでしょう。)
〈**take 時間**〉で「**(時間)がかかる**」という意味。

☑ 5 **buy**

バイ
[bai]

動 **買う**
過 bought [ボート] ⚠つづり

☑ 6 **come**

カム
[kʌm]

動 **来る, (相手のところへ)行く**
過 came [ケイム]
▶ **come** back (戻って来る)

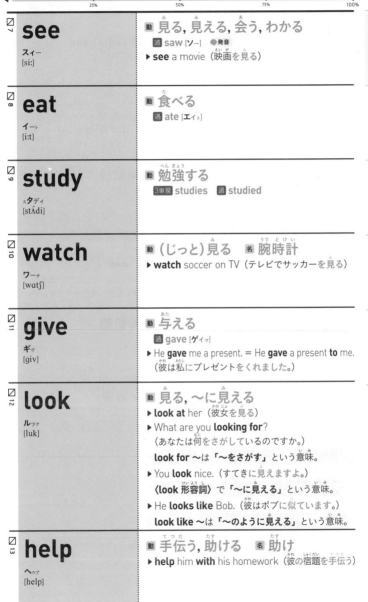

動詞

☑ 7
see
スィー
[si:]

動 見る, 見える, 会う, わかる
過 saw [ソー]　●発音
▶ **see** a movie（映画を見る）

☑ 8
eat
イート
[i:t]

動 食べる
過 ate [エィト]

☑ 9
study
スタディ
[stʌ́di]

動 勉強する
3単現 studies　過 studied

☑ 10
watch
ワーチ
[watʃ]

動 (じっと)見る　名 腕時計
▶ **watch** soccer on TV（テレビでサッカーを見る）

☑ 11
give
ギヴ
[giv]

動 与える
過 gave [ゲィヴ]
▶ He **gave** me a present. = He **gave** a present **to** me.
（彼は私にプレゼントをくれました。）

☑ 12
look
ルック
[luk]

動 見る, 〜に見える
▶ **look at** her（彼女を見る）
▶ What are you **looking for**?
（あなたは何をさがしているのですか。）
look for 〜は「**〜をさがす**」という意味。
▶ You **look** nice.（すてきに見えますよ。）
〈**look 形容詞**〉で「**〜に見える**」という意味。
▶ He **looks like** Bob.（彼はボブに似ています。）
look like 〜は「**〜のように見える**」という意味。

☑ 13
help
ヘゥプ
[help]

動 手伝う, 助ける　名 助け
▶ **help** him **with** his homework（彼の宿題を手伝う）

動詞

名詞

形容詞・副詞など

熟語

会話表現

☑14 **say**
セイ
[sei]
●発音

動 言う
3単現 says [セズ] 過 said [セッド] ●発音

☑15 **talk**
トーク
[tɔːk]
●発音

動 話す
▶ I **talked** about music with her.
（私は彼女と音楽について話しました。）

☑16 **cook**
クック
[kuk]

動 料理する 名 料理する人, コック

☑17 **find**
ファーインド
[faind]

動 見つける
過 found [ファウンド] ●発音
▶ I looked for my pen, but I couldn't **find** it.
（私はペンをさがしましたが, 見つかりませんでした。）

☑18 **visit**
ヴィズィト
[vízit]

動 訪問する 名 訪問

☑19 **practice**
プレアクティス
[præktis]

動 練習する 名 練習

☑20 **write**
ラーイト
[rait]

動 書く
過 wrote [ロウト]
▶ **write** a letter **to** her（彼女に手紙を書く）

☑21 **work**
ワ〜ク
[wəːrk]
●発音

動 働く 名 仕事

☑ 22

need

ニード
[ni:d]

動 必要とする,
(need to ～で)～する必要がある
▶ **need to** study hard (熱心に勉強する必要がある)

動詞

☑ 23

read

リード
[ri:d]

動 読む
過 read [レッド] ●発音

過去形も形が同じだね。

☑ 24

ride

ラーイド
[raid]

動 乗る
過 rode [ロウド]

名詞

☑ 25

meet

ミート
[mi:t]

動 会う
過 met [メット]

形容詞・副詞など

☑ 26

stay

ステイ
[stei]

動 滞在する, とどまる　名 滞在
▶ **stay** at home (家にいる)

熟語

☑ 27

walk

ウォーク
[wɔ:k]

動 歩く　名 散歩
▶ **walk** to school (学校に歩いていく)

会話表現

☑ 28

start

スタート
[sta:rt]

動 始める, 始まる
▶ It **started to** rain. (雨が降り始めました。)

☑ 29

bring

ブリング
[briŋ]

動 持ってくる, 連れてくる
過 brought [ブロート] 　つづり
▶ **bring** lunch **to** school (学校に弁当を持ってくる)

27

☑ 30	**ask** エアスク [æsk]	動 たずねる, たのむ ▶ **ask** him **for** help（彼に手伝いをたのむ）
☑ 31	**live** リヴ [liv]	動 住んでいる, 生きる ▶ She **lives** in London. （彼女はロンドンに住んでいます。）
☑ 32	**swim** スウィム [swim]	動 泳ぐ ing形 swimming　つづり　過 swam [スウェアム]
☑ 33	**use** ユーズ [ju:z]	動 使う
☑ 34	**leave** リーヴ [li:v]	動 去る, 出発する, 残す 過 left [レフト] ▶ **leave** home（家を出る）
☑ 35	**finish** フィニッシュ [fíniʃ]	動 終える, 終わる ▶ She **finished** clean**ing** her room. （彼女は部屋のそうじを終えました。） finish ～ingで「～し終える」という意味。
☑ 36	**call** コーク [kɔ:l]	動 電話する, 呼ぶ ▶ I'll **call** you later.（あとで電話します。） ▶ **Call** me Kate.（私をケイトと呼んでね。） call A Bで「AをBと呼ぶ」という意味。
☑ 37	**drink** ドリンク [driŋk]	動 飲む　名 飲み物 過 drank [ドレアンク]

☑ 38

know

ノウ
[nou]
●発音

動 知っている
過 knew [ニュー]　●発音
▶ I don't **know** your phone number.
（私はあなたの電話番号を知りません。）

☑ 39

love

ラッ
[lʌv]

動 大好きである　名 愛

☑ 40

enjoy

インヂョーイ
[indʒɔ́i]

動 楽しむ
▶ **enjoy** play**ing** the piano
（ピアノを弾くのを楽しむ）
enjoy ～ingで「**～することを楽しむ**」という意味。

☑ 41

excuse

イクスキューズ
[ikskjúːz]

動 許す
▶ **Excuse me.**（すみません。）
質問したり謝ったりするときなどに使う。

☑ 42

sing

スィング
[siŋ]

動 歌う
過 sang [セアング]

☑ 43

show

ショウ
[ʃou]

動 見せる，案内する　名 ショー，番組
▶ **Show** me the map.（私に地図を見せて。）

☑ 44

think

スィンク
[θiŋk]

動 思う，考える
過 thought [ソート]　●つづり
▶ What do you **think of** that?
（あなたはそれをどう思いますか。）

☑ 45

learn

ラ～ン
[ləːrn]
●発音

動 学ぶ

☑ 46	**speak** スピーク [spi:k]	動 話す 過 spoke [スポウク]
☑ 47	**wait** ウェイト [weit]	動 待つ ▶ She is **waiting for** Tom. （彼女はトムを待っています。）
☑ 48	**draw** ドロー [drɔ:] ●発音	動 (ペンなどで, 絵や図を)描く, (線を)引く 過 drew [ドルー] ▶ **draw** a picture（絵を描く）
☑ 49	**put** プット [put]	動 置く ing形 putting つづり 過 put ▶ **put** a cup on the table（テーブルにカップを置く）
☑ 50	**close** 動 クロウズ [klouz] 形 クロウス [klous] ●発音	動 閉める, 閉まる 形 近い ▶ **close** the window（窓を閉める） ▶ It's **close** to my house.（それは私の家の近くです。）
☑ 51	**forget** フォゲット [fərgét]	動 忘れる 過 forgot [フォガット] ▶ **Don't forget to** call me.（忘れずに私に電話してね。） **forget to ~**は「~するのを忘れる」という意味。
☑ 52	**tell** テゥ [tel]	動 話す, 言う 過 told [トウゥド] ▶ **tell** him about it（それについて彼に話す）
☑ 53	**catch** キャッチ [kætʃ]	動 つかまえる, とる 過 caught [コート] ●発音 つづり

☑ 54

open

オウプン
[óupən]

動 開く, 開ける　形 開いた, 開いている

▶ **open** the door（ドアを開ける）
▶ The store is **open** from 10 a.m. to 8 p.m.
（その店は午前10時から午後8時まで開いています。）

☑ 55

send

センド
[send]

動 送る
過 sent [セント]

▶ **send** her a letter = **send** a letter **to** her
（彼女に手紙を送る）

☑ 56

become

ビカム
[bikʌ́m]

動 ～になる
過 became [ビケイム]

▶ We **became** good friends.
（私たちは仲のいい友達になりました。）

☑ 57

teach

ティーチ
[tiːtʃ]

動 教える
過 taught [トート]　●発音　🖊つづり

☑ 58

sleep

スリープ
[sliːp]

動 眠る
過 slept [スレプト]

☑ 59

try

トライイ
[trai]

動 やってみる, 試みる
3単現 tries　過 tried

▶ He **tried to** speak to her.（彼は彼女に話しかけようとしました。）
try to ～で「**～しようとする**」という意味。

☑ 60

wash

ワーシュ
[wɑʃ]

動 洗う
3単現 washes

☑ 61

hear

ヒアァ
[hiər]
🖊つづり

動 聞く, 聞こえる
過 heard [ハード]　●発音

▶ Can you **hear** me?（私の声が聞こえますか。）

☑ 062	**listen** リスン [lísn] つづり	動 聞く ▶ **listen to** music（音楽を聞く）
☑ 063	**stop** スターップ [stɑp]	動 止める, 止まる, やめる　名 停留所 ing形 **stopping** つづり　過 **stopped** つづり ▶ **stop** watching TV（テレビを見るのをやめる） **stop ～ing**で「～するのをやめる」という意味。
☑ 064	**travel** トレアヴェゥ [trǽvəl]	動 旅行する　名 旅行 関連 **trip** 名 旅行
☑ 065	**wear** ウェアァ [weər]	動 身につけている 過 **wore**［ウォーァ］ ▶ **wear** a uniform（制服を着ている）
☑ 066	**answer** エアンサァ [ǽnsər] つづり	動 答える　名 答え
☑ 067	**paint** ペイント [peint]	動 （絵の具で, 絵などを）描く, ペンキを塗る ▶ **paint** a flower（花の絵を描く）
☑ 068	**wake** ウェイク [weik]	動 目を覚ます, 起こす 過 **woke**［ウォウク］
☑ 069	**run** ラン [rʌn]	動 走る ing形 **running** つづり　過 **ran**［レァン］ ▶ She **runs** fast.（彼女は走るのが速い。）

動詞

名詞

形容詞・副詞など

熟語

会話表現

☑ 70

begin

ビギン
[bigín]

動 始める, 始まる

ing形 beginning つづり　過 began [ビギャン]

▶ begin to study = begin studying（勉強し始める）

begin to ～ または begin ～ing で「～し始める」という意味。

☑ 71

dance

デアンス
[dǽns]

動 踊る　名 踊り

☑ 72

hope

ホウプ
[hóup]

動 望む, 願う　名 希望

▶ I hope that she feels better.
（彼女がよくなることを願います。）

▶ I hope to see you. （あなたに会いたいと思います。）

☑ 73

win

ウィン
[wín]

動 勝つ, (賞などを)とる

ing形 winning つづり　過 won [ワン]

☑ 74

break

ブレイク
[bréik]
つづり

動 こわす, こわれる　名 休けい

過 broke [ブロウク]

▶ He broke his leg. （彼は脚を骨折しました。）

☑ 75

drive

ドラーイヴ
[dráiv]

動 運転する

過 drove [ドロウヴ]

☑ 76

join

ヂョーイン
[dʒɔ́in]

動 加わる, 参加する

☑ 77

arrive

アラーイヴ
[əráiv]

動 到着する

▶ arrive at the station （駅に到着する）

▶ arrive in London （ロンドンに到着する）

☑ 78 **end** エンド [end]	動 終わる　名 終わり ▶ The show will **end** at six. （ショーは6時に終わるでしょう。）
☑ 79 **feel** フィーゥ [fi:l]	動 感じる 過 felt [フェット] ▶ She didn't **feel good**. （彼女は気分がよくありませんでした。）
☑ 80 **worry** ワ〜リ [wə:ri]	動 心配する, 心配させる 3単現 worries　過 worried ▶ **Don't worry**.（心配しないで。）
☑ 81 **check** チェック [tʃek]	動 調べる, 確認する
☑ 82 **lose** ルーズ [lu:z]	動 失う, 負ける 過 lost [ロースト] ▶ She **lost** her key.（彼女はかぎをなくしました。）
☑ 83 **sit** スィット [sit]	動 すわる ing形 sitting　つづり　過 sat [セァット] ▶ **Sit down**.（すわりなさい。）
☑ 84 **stand** ｽテアンド [stænd]	動 立つ 過 stood [ｽトゥド] ▶ **Stand up**.（立ちなさい。）
☑ 85 **change** チェインヂ [tʃeindʒ]	動 変える, (乗り物を)乗りかえる 名 変化, おつり ▶ **change** trains（電車を乗りかえる）

☑ 86

cut

カット
[kʌt]

動 切る

ing形 **cutting**　つづり　過 **cut**

☑ 87

receive

リスィーヴ
[risíːv]
つづり

動 受け取る

▶ **receive** a letter from him
（彼から手紙を受け取る）

☑ 88

sell

セ_ル
[sel]

動 売る

過 **sold** [ソウッド]

☑ 89

brush

ブ**ラ**シュ
[brʌʃ]
つづり

動 ブラシでみがく　名 ブラシ, 筆

☑ 90

carry

キャリ
[kǽri]

動 運ぶ

3単現 **carries**　過 **carried**

☑ 91

express

イクスプ**レ**ス
[iksprés]

動 表現する, 述べる　形 急行の

▶ **express** my opinion（自分の意見を述べる）

☑ 92

hurry

ハ〜リ
[hə́ːri]
つづり

動 急ぐ　名 急ぎ

3単現 **hurries**　過 **hurried**

▶ **Hurry up.**（急いで。）

☑ 93

move

ムーヴ
[muːv]

動 引っ越す, 動く, 動かす

▶ **move** to Canada（カナダに引っ越す）

■)) 007

☑ 94	**pick** ピック [pik]	動 (花・実などを)つむ, 選ぶ ▶ **pick up** a bottle (びんを拾う)
☑ 95	**remember** リメンバァ [rimémbər]	動 覚えている, 思い出す ▶ I can't **remember** his name. (私は彼の名前を思い出せません。)
☑ 96	**understand** アンダゥ**テァン**ド [ʌndərstænd] ●発音	動 理解する, わかる 過 understood [アンダゥ**トゥ**ド] ●発音
☑ 97	**collect** コ**レ**クト [kəlékt]	動 集める, 収集する
☑ 98	**surf** サ〜フ [səːrf]	動 サーフィンをする, (インターネットのサイトを)見て回る
☑ 99	**turn** タ〜ン [təːrn] ●発音	動 曲がる, 回る　名 順番, 回転 ▶ **turn** left (左に曲がる) ▶ It's your **turn**. (あなたの番です。)
☑ 100	**attack** ア**テァ**ック [ətǽk]	動 攻撃する, おそう　名 攻撃
☑ 101	**bake** ベイク [beik]	動 (オーブンなどで)焼く

36

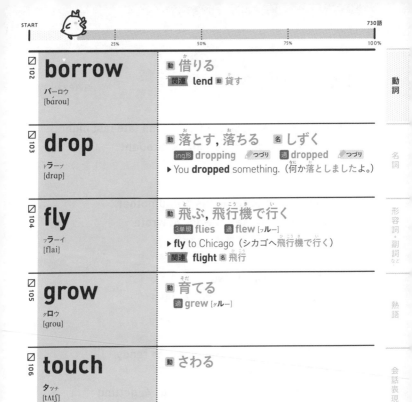

☑ 102 **borrow**
バーロウ
[bárou]

動 借りる
関連 lend 動 貸す

☑ 103 **drop**
ドラープ
[drɑp]

動 落とす, 落ちる　名 しずく
ing形 dropping　つづり　過 dropped　つづり
▶ You **dropped** something.（何か落としましたよ。）

☑ 104 **fly**
ッラーイ
[flai]

動 飛ぶ, 飛行機で行く
3単現 flies　過 flew [ッルー]
▶ **fly** to Chicago（シカゴへ飛行機で行く）
関連 flight 名 飛行

☑ 105 **grow**
ッロウ
[grou]

動 育てる
過 grew [ッルー]

☑ 106 **touch**
タッチ
[tʌtʃ]
つづり

動 さわる

動詞

名詞

形容詞・副詞など

熟語

会話表現

👑 チェックテスト

1 We had a party, so we ( ) home late last night.
 1. got **2.** took **3.** bought **4.** brought
（パーティーがあったので，昨夜は遅くに家に着きました。）

2 Sam ( ) a letter to his grandmother.
 1. wore **2.** woke **3.** won **4.** wrote
（サムは祖母に手紙を書きました。）

3 I ( ) the train to work.
 1. have **2.** make **3.** go **4.** take
（私は電車に乗って職場に行きます。）

4 *A:* Come on, Jack. The dinner is ready.
 B: I'm ( ), Mom.
 1. coming **2.** living **3.** having **4.** getting
A: （来なさい，ジャック。夕食の準備ができているわ。）
B: （今行くよ，お母さん。）

5 *A:* Excuse me. Where is the city hall?
 B: Go straight and ( ) left at the first corner.
 1. turn **2.** drop **3.** draw **4.** grow
A: （すみません。市役所はどこですか。）
B: （まっすぐ進んで，最初の角を左に曲がってください。）

....

答え　 ❶ 1　 ❷ 4　 ❸ 4　 ❹ 1　 ❺ 1

38

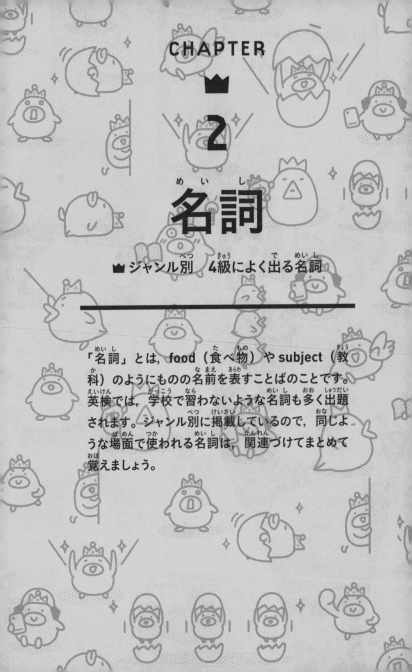

CHAPTER

2

名詞

▼ジャンル別　4級によく出る名詞

「名詞」とは，food（食べ物）や subject（教科）のようにものの名前を表すことばのことです。英検では，学校で習わないような名詞も多く出題されます。ジャンル別に掲載しているので，同じような場面で使われる名詞は，関連づけてまとめて覚えましょう。

2 食べ物・飲み物

order
注文

soup
スープ

egg
卵

menu
メニュー

ham
ハム

salad
サラダ

salt
塩

pizza
ピザ

water
水

bread
パン

butter
バター

41

■)) 008

TOPIC 食べ物・飲み物

☑ 107 **food**
フード
[fuːd]

名 食べ物
▶ Japanese food（日本料理，和食）

☑ 108 **pizza**
ピーツァ
[píːtsə]
発音

名 ピザ

☑ 109 **cookie**
クキィ
[kúki]

名 クッキー
▶ make chocolate **cookies**
（チョコレートクッキーを作る）

☑ 110 **ice**
アイス
[ais]

名 氷
▶ **ice** cream（アイスクリーム）

☑ 111 **sandwich**
セアンドウィチ
[sǽndwitʃ]

名 サンドイッチ
複 sandwiches
▶ Two **sandwiches**, please.
（サンドイッチを2つください。）

注文で使われる表現だよ。

☑ 112 **vegetable**
ヴェヂタボゥ
[védʒtəbl]

名 野菜

☑ 113 **chocolate**
チャーコレト
[tʃákələt]
発音

名 チョコレート

42

☑ 114
pie
パーイ
[pai]

名 パイ

☑ 115
salad
セアラッド
[sǽləd]

名 サラダ
▶ make a **salad**（サラダを作る）

☑ 116
tomato
トメイトウ
[təméitou]
●発音

名 トマト
複 tomatoes

☑ 117
doughnut
ドゥナッ
[dóunʌt]
　つづり

名 ドーナツ

☑ 118
soup
スープ
[su:p]
　つづり

名 スープ

☑ 119
egg
エッグ
[eg]

名 卵

☑ 120
juice
ヂュース
[dʒu:s]
　つづり

名 ジュース
▶ orange **juice**（オレンジジュース）

☑ 121
coffee
コーフィ
[kɔ́:fi]

名 コーヒー
▶ a cup of **coffee**（コーヒー1杯）
関連 tea 名 茶，紅茶

| ☑ 122 | **toast**
トウスト
[toust] ●発音 | 名 トースト
▶ I had some **toast** for breakfast.
（私は朝食にトーストを食べました。） |

> a をつけたり複数形にしたりしないよ。

| ☑ 123 | **fruit**
ㇷルート
[fru:t] ✎つづり | 名 果物 |

| ☑ 124 | **dessert**
ディザ〜ト
[dizə́:rt] | 名 デザート |

| ☑ 125 | **strawberry**
ストローベリ
[stró:beri] | 名 いちご
複 strawberries |

| ☑ 126 | **cherry**
チェリ
[tʃéri] | 名 さくらんぼ, 桜
複 cherries
▶ a **cherry** tree （桜の木） |

| ☑ 127 | **chicken**
チキン
[tʃíkin] | 名 とり肉, ニワトリ
▶ **fried chicken** （フライドチキン） |

| ☑ 128 | **ham**
ヘァム
[hæm] | 名 ハム |

| ☑ 129 | **snack**
スネァック
[snæk] | 名 軽食, 間食
▶ have a **snack** （軽食をとる） |

44

☑ 130 **spaghetti**

スパゲティ
[spəgéti]
つづり

名 スパゲッティ

☑ 131 **water**

ウォータァ
[wɔ́:tər]
つづり

名 水
▶ a glass of **water**（コップ1杯の水）

☑ 132 **beef**

ビーフ
[bi:f]

名 牛肉

☑ 133 **cupcake**

カップケイク
[kʌ́pkeik]

名 カップケーキ

☑ 134 **stew**

ステュー
[stʃu:]
発音

名 シチュー
▶ beef **stew**（ビーフシチュー）

☑ 135 **bread**

ブレッド
[bred]
つづり

名 パン
▶ buy some **bread**
（パンをいくらか買う）

a をつけたり複数形に
したりしないよ。

☑ 136 **butter**

バタァ
[bʌ́tər]

名 バター

☑ 137 **rice**

ライス
[rais]

名 米, ごはん

☑ 138 **salt** ソールト [sɔːlt]	名 塩 しお ▶ Pass me the **salt**, please. （塩をとってください。）
☑ 139 **steak** ステイク [steik] つづり	名 ステーキ
☑ 140 **hamburger** ヘアンバ〜ガァ [hæmbəːrgər] つづり	名 ハンバーガー
☑ 141 **dinner** ディナァ [dínər]	名 夕食 ゆうしょく ▶ What's for **dinner** tonight? （今夜の夕食は何ですか。）
☑ 142 **lunch** ランチ [lʌntʃ] つづり	名 昼食 ちゅうしょく ▶ have[eat] **lunch** together （いっしょに昼食を食べる）
☑ 143 **breakfast** ブレクファスト [brékfəst]	名 朝食 ちょうしょく
☑ 144 **dish** ディッシュ [diʃ]	名 皿, 料理 さら りょうり ▶ wash the **dishes**（皿[食器]を洗う）
☑ 145 **glass** グレアス [glæs]	名 コップ, ガラス ▶ a **glass** of milk（コップ1杯の牛乳）

☑ 146 **chopsticks**

チャープステイクス
[tʃɑpstiks]

名 (食事用の)はし

☑ 147 **menu**

メニュー
[ménʃuː]

名 メニュー
▶ Can I see the **menu**?
（メニューを見せてもらえますか。）

☑ 148 **order**

オーダァ
[ɔ́ːrdər]

名 注文　動 注文する
▶ What's your **order**?（ご注文は何でしょうか。）

3 町の中・乗り物

airplane
飛行機

movie theater
映画館

bank
銀行

café
カフェ

street
通り

bicycle
自転車

department store
デパート

university
だいがく
大学

bus
バス

road
どうろ
道路

49

TOPIC
町の中
まち　なか

☑ 149
park
パーク
[pɑːrk]

名 公園
こう えん
▶ run in a **park**（公園で走る）

☑ 150
library
ラーイブレリ
[láibreri]
　つづり

名 図書館, 図書室
と しょ かん　と しょ しつ
複 libraries
▶ study at[in] the **library**（図書館で勉強する）

☑ 151
store
ストーァ
[stɔːr]

名 店
みせ
▶ a pet **store**（ペット店）

☑ 152
restaurant
レストラント
[réstərənt]
　発音

名 レストラン

☑ 153
station
ステイション
[stéiʃən]

名 駅
えき

☑ 154
supermarket
スーパマーキット
[súːpərmɑːrkit]

名 スーパーマーケット
▶ go shopping at a **supermarket**
（スーパーに買い物に行く）

☑ 155
city
スィティ
[síti]

名 都市, 市
と し　し
複 cities

☑ 156	**zoo** ズー [zu:]	名 動物園

☑ 157	**farm** ファーム [fɑ:rm]	名 農場

☑ 158	**pool** プーゥ [pu:l]	名 プール

☑ 159	**airport** エアポート [éərpɔ:rt]	名 空港

☑ 160	**museum** ミューズィーアム [mju:zí:əm] ●発音	名 博物館, 美術館 ▶ an **art museum**（美術館）

☑ 161	**bookstore** ブクストーァ [búkstɔ:r]	名 書店

☑ 162	**place** プレイス [pleis]	名 場所 ▶ visit different **places** （いろいろな場所を訪れる）

☑ 163	**college** カーリヂ [kɑ́lidʒ]	名 大学 ▶ go to **college**（大学に通う）

☑ 164	**town** タウン [taun]	名 町
☑ 165	**hospital** ハースピトォ [háspitl]	名 病院 ▶ She is **in the hospital**. （彼女は入院しています。）
☑ 166	**hotel** ホウテゥ [houtél]　●発音	名 ホテル
☑ 167	**post office** ポウストオーフィス [póust ɔːfis]	名 郵便局
☑ 168	**café** キャフェイ [kæféi]	名 喫茶店, カフェ
☑ 169	**street** ストリート [striːt]	名 通り ▶ Go down this **street**. （この通りを進んでください。）
☑ 170	**mall** モーゥ [mɔːl]	名 ショッピングセンター
☑ 171	**road** ロウド [roud]　●発音	名 道路

動詞

名詞

形容詞・副詞など

熟語

会話表現

☑ 172

apartment

アパートメント
[əpάːrtmənt]

名 アパート, マンション

☑ 173

building

ビッディング
[bíldiŋ]
つづり

名 建物
▶ the tallest **building** in Kyoto
（京都でいちばん高い建物）

関連 **build** 動 建てる

☑ 174

center

センタァ
[séntər]

名 中心, センター
▶ a shopping **center**（ショッピングセンター）

☑ 175

department store

ディパートメント ストーァ
[dipάːrtmənt stɔːr]

名 デパート

☑ 176

bank

ベアンク
[bæŋk]

名 銀行

☑ 177

corner

コーナァ
[kɔ́ːrnər]

名 (道などの)角
▶ Turn left at the next **corner**.
（次の角を左へ曲がってください。）

道案内でよく使われる
表現だよ。

☑ 178

bridge

ブリッヂ
[bridʒ]
つづり

名 橋

☑ 179

village

ヴィリヂ
[vílidʒ]
つづり

名 村

☑ 180	**hall** ホーゥ [hɔ:l]	名 会館, ホール ▶ a city **hall**（市役所）
☑ 181	**stadium** ｽ**テ**ィディアム [stéidiəm]　●発音	名 スタジアム, 競技場 ▶ a baseball **stadium**（野球場）
☑ 182	**theater** ｽ**ィ**アタァ [θíətər]	名 劇場, 映画館 ▶ a movie **theater**（映画館）
☑ 183	**address** アドレス [ədrés]　●つづり	名 住所,（メールなどの）アドレス ▶ Please give me your **address**. （あなたの住所を教えてください。）
☑ 184	**court** コーｯ [kɔ:rt]	名（テニスなどの）コート ▶ a tennis **court**（テニスコート）
☑ 185	**university** ユーニ**ヴァ**～スィティ [ju:nəvə́:rsəti]	名 大学 複 **universities** ▶ go to a **university**（大学に行く）

TOPIC　乗り物

☑ 186
bus
バス
[bʌs]

名 バス
▶ go to school **by bus**
（バスで学校に行く）

> **by**を使って交通手段を表すときは，a やtheはつけずに**by bus**とするよ。

☑ 187
train
トレイン
[trein]
つづり

名 電車, 列車
▶ go to work **by train**（電車で仕事に行く）
▶ get off the **train**（電車を降りる）

☑ 188
bike
バイク
[baik]

名 自転車
▶ ride a **bike**（自転車に乗る）

☑ 189
boat
ボウト
[bout]
発音

名 ボート, 船
▶ get on a **boat**（ボートに乗る）

☑ 190
bicycle
バーイスィクゥ
[báisikl]
つづり

名 自転車
▶ go to a park **by bicycle**（自転車で公園へ行く）

☑ 191
airplane
エアァプレイン
[éərplein]

名 飛行機

> planeと も言うよ。

cloud
雲

animals
動物

horse
馬

flower
花

sky
そら
空

mountain
やま
山

river
かわ
川

monkey
サル

fish
さかな
魚

57

| TOPIC | 生き物・自然 |

☑ 192 **fish**
フィッシュ
[fiʃ]

名 魚　動 釣りをする
複 fish

☑ 193 **animal**
エァニマゥ
[ǽnəməl]

名 動物
▶ What's your favorite **animal**?
（あなたの大好きな動物は何ですか。）

☑ 194 **flower**
ッラ ウ アァ
[fláuər]
つづり

名 花
▶ buy some **flowers** for her（彼女に花を買う）

☑ 195 **beach**
ビー チ
[bi:tʃ]

名 浜辺
▶ sit on the **beach**（浜辺にすわる）

☑ 196 **life**
ラーイ フ
[laif]

名 生活, 命, 人生
複 lives [ラーイ ヴ ズ]　●発音

> Mt. Fuji（富士山）の
> ように, 山の名前の前
> には**Mt.**をつけるよ。

☑ 197 **mountain**
マウン ティン
[máuntn]
つづり

名 山
▶ camp in the **mountains**
（山の中でキャンプをする）

☑ 198 **sound**
サウンド
[saund]

名 音　動 ～に聞こえる
▶ hear a strange **sound**（奇妙な音が聞こえる）

☑ 199 **horse**
ホース
[hɔːrs]
つづり

名 馬 うま

☑ 200 **dolphin**
ダーゥフィン
[dɑ́lfin]

名 イルカ

☑ 201 **star**
スターァ
[stɑːr]

名 星 ほし

☑ 202 **sky**
スカーイ
[skai]

名 空 そら
複 skies

☑ 203 **river**
リヴァァ
[rívər]

名 川 かわ

☑ 204 **lake**
レイク
[leik]

名 湖 みずうみ

☑ 205 **sea**
スィー
[siː]

名 海 うみ
▶ swim in the **sea**（海で泳ぐ）

☑ 206 **monkey**
マンキ
[mʌ́ŋki]
発音

名 サル

動詞

名詞

形容詞・副詞 など

熟語

会話表現

☑ 207	**rock** ラーク [rɑk]	名 岩, (音楽の)ロック
☑ 208	**rose** ロウズ [rouz]	名 バラ
☑ 209	**turtle** ター〜トゥ [tə́:rtl]	名 (動物の)カメ
☑ 210	**ocean** オウシャン [óuʃən]	名 大洋
☑ 211	**plant** プレアントゥ [plænt]	名 植物　動 植える
☑ 212	**wind** ウィンド [wind]	名 風 ▶ strong **wind** (強い風)
☑ 213	**air** エアァ [eər]	名 空気 ▶ an **air conditioner** (エアコン) ／つづり

TOPIC
季節

☑ 214

summer

サマァ
[sʌ́mər]

名 夏
▶ every **summer**（毎年夏に）

☑ 215

winter

ウィンタァ
[wíntər]

名 冬
▶ in **winter**（冬に）

☑ 216

season

スィーズン
[síːzn]
つづり

名 季節
▶ Which **season** do you like the best?
（あなたはどの季節がいちばん好きですか。）

☑ 217

spring

スプリング
[spríŋ]

名 春
▶ **spring** vacation（春休み）

☑ 218

fall

フォーゥ
[fɔːl]

名 秋　動 落ちる, 転ぶ
過 fell [フェゥ]

TOPIC
天気

☑ 219

rain

レイン
[rein]

名 雨　動 雨が降る
▶ walk in the **rain**（雨の中を歩く）

weather

ウェ<u>ザ</u>ァ
[wéðər]

名 天気
▶ How will the **weather** be tomorrow?
— It'll be sunny.
（あしたの天気はどうなりそうですか。
— 晴れるでしょう。）
ふつう天気を表す文では **it** を主語にする。

> このitを「それ」と訳さないように注意。

まとめてCheck! 天気に関する語

太陽	sun	晴れた	sunny	暑い	hot
雲	cloud	くもりの	cloudy	暖かい	warm
雨	rain	雨の	rainy	すずしい	cool
雪	snow	雪の	snowy	寒い	cold

snow

ス<u>ノ</u>ウ
[snou]

名 雪 動 雪が降る

cloud

ク<u>ラ</u>ウド
[klaud]
つづり

名 雲
▶ There weren't any **clouds** in the sky.
（空には雲が1つもありませんでした。）

TOPIC 日付・数

one

ワン
[wʌn]
つづり

名 形 1(の)
代 (前に出た名詞をさして)もの

> 前に出た名詞のくり返しをさける代名詞としても使われるよ。

▶ My bag is smaller than this **one**.
（私のかばんはこのかばんより小さい。）

first

ファ〜スト
[fə:rst]
発音

名 形 最初(の), 1番目(の)
▶ the **first** floor （1階）
▶ It's my **first** time here. （ここは私は初めてです。）

☑ 225

thousand

サ・ウザンド
[θáuzənd]

🔊 つづり

名 形 **1000(の)**
▶ two **thousand** dollars (2000ドル)

> × two **thousands**
> [**hundreds**] のよう
> に複数形にしないよう
> に注意。

☑ 226

hundred

ハンドレド
[hʌ́ndrəd]

🔊 つづり

名 形 **100(の)**
▶ two **hundred** people
(200人の人々)

☑ 227

second

セカンド
[sékənd]

🔊 発音

名 形 **2番目(の)**

☑ 228

third

サ〜ド
[θəːrd]

🔊 発音

名 形 **3番目(の)**

☑ 229

number

ナンバァ
[nʌ́mbər]

🔊 つづり

名 **数, 番号**
▶ What's your phone **number**?
(電話番号は何番ですか。)

まとめてCheck! 数

	基数	序数		基数	序数
1	one	**first**	11	**eleven**	eleventh
2	two	**second**	12	**twelve**	**twelfth**
3	three	**third**	13	**thirteen**	thirteenth
4	four	fourth	14	fourteen	fourteenth
5	five	**fifth**	15	**fifteen**	fifteenth
6	six	sixth	16	sixteen	sixteenth
7	seven	seventh	17	seventeen	seventeenth
8	eight	**eighth**	18	**eighteen**	eighteenth
9	nine	**ninth**	19	nineteen	nineteenth
10	ten	tenth	20	twenty	**twentieth**

017

TOPIC
曜日・時間

☑ 230
week
ウィーク
[wi:k]

名 週
▶ for two **weeks** (2週間)
▶ I met him **last week**. (私は先週彼に会いました。)

まとめてCheck! 曜日

日曜日	Sunday	木曜日	Thursday
月曜日	Monday	金曜日	Friday
火曜日	Tuesday	土曜日	Saturday
水曜日	Wednesday		

☑ 231
tomorrow
トゥモーロウ
[təmɔ́:rou]

名 副 あした

☑ 232
day
ディ
[dei]

名 日, 1日
▶ **every day** (毎日)
▶ **one day** (ある日)

☑ 233
morning
モーニング
[mɔ́:rniŋ]

名 朝, 午前
▶ in the **morning** (朝に, 午前中に)

☑ 234
year
イァァ
[jiər]

名 年, 1年, ～歳
▶ **last year** (去年)
▶ two **years** ago (2年前に)
▶ She is eleven **years old**. (彼女は11歳です。)

☑ 235
weekend
ウィーケンド
[wi:kend]

名 週末
▶ What are you going to do this **weekend**?
(この週末は何をするつもりですか。)

☑ 236

yesterday

イェスタデイ
[jéstərdei]

名 副 きのう

▶ I went to the park **yesterday**.
（私はきのう公園に行きました。）

動詞

☑ 237

afternoon

エァッタ**ヌ**ーン
[æftərnú:n]

名 午後

▶ in the **afternoon**（午後に）

名詞

☑ 238

night

ナーイト
[nait]

つづり

名 夜

▶ at **night**（夜に）

形容詞・副詞など

☑ 239

month

マンス
[mʌnθ]

名 (暦の)月

▶ last **month**（先月）
▶ next **month**（来月）

熟語

☑ 240

hour

アウアァ
[auər]

発音

名 1時間

▶ for two **hours**（2時間）

会話表現

☑ 241

minute

ミニト
[mínit]

つづり

名 (時間の)分, ちょっとの間

▶ I'll be back in ten **minutes**.（10分で戻ります。）
▶ **Just a minute.**（ちょっと待ってください。）

☑ 242

date

デイト
[deit]

名 日付

▶ What's the **date** today?
（きょうは何日ですか。）

「デート」の
意味もあるよ。

☑ 243

tonight

トゥ**ナ**ーイト
[tənáit]

つづり

名 副 今夜(は)

▶ I'll call you **tonight**.（今夜あなたに電話します。）

☑ 244	**future** フューチャァ [fjúːtʃər]	名 未来, 将来 ▸ What do you want to be **in the future**? （あなたは将来何になりたいですか。）
☑ 245	**moment** モウメント [móumənt]	名 ちょっとの間, 瞬間
☑ 246	**noon** ヌーン [nuːn]	名 正午 ▸ at **noon**（正午に）
☑ 247	**evening** イーヴニング [íːvniŋ]	名 夕方, 晩 ▸ in the **evening**（夕方に）

まとめてCheck! 時間帯を表す語

morning（午前） → noon（正午） → afternoon（午後)

↑　　　　　　　　　　　　　　　　　　↓

midnight（真夜中） ← night（夜） ← evening（夕方）

👑 チェックテスト

1 *A:* What's your (　　)?

B: Two sandwiches, please.

1. dish　**2.** snack　**3.** food　**4.** order

A:（ご注文は何になさいますか。）

B:（サンドイッチを2つ, お願いします。）

2 Don't swim in this (　　).

1. rock　**2.** road　**3.** street　**4.** lake

（この湖で泳いではいけません。）

3 *A:* Which (　　) do you like the best?

B: I like summer.

1. season　**2.** spring　**3.** number　**4.** weather

A:（どの季節がいちばん好きですか。）

B:（夏が好きです。）

4 We went to the park and played soccer (　　).

1. yesterday　**2.** tomorrow　**3.** ago　**4.** afternoon

（私たちは昨日公園に行ってサッカーをしました。）

答え　**1** 4　**2** 4　**3** 1　**4** 1

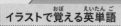

イラストで覚える英単語

5 家の中

bedroom
寝室

painting
絵

floor
床

door
ドア

kitchen
台所

garden
庭

window
窓

living room
リビングルーム

video game
テレビゲーム

wall
壁

shower
シャワー

019

TOPIC
家の中
いえ なか

☑ 248	**home** ホウ_ム [houm] ●発音	名 家 副 家に, 家へ いえ いえ いえ ▶ go **home**（家に帰る）いえ かえ
☑ 249	**room** ルー_ム [ru:m]	名 部屋 へ や ▶ a music **room**（音楽室）おん がく しつ
☑ 250	**phone** フォウン [foun]	名 電話 でん わ ▶ talk **on the phone**（電話で話す）でん わ はな
☑ 251	**garden** ガー_{ドン} [gáːrdn]	名 庭 にわ
☑ 252	**kitchen** キチン [kítʃin] ✎つづり	名 台所 だい どころ
☑ 253	**shower** シャウァァ [ʃáuər]	名 シャワー, にわか雨 あめ ▶ take a **shower**（シャワーを浴びる）あ
☑ 254	**table** テイ_{ボウ} [téibl]	名 テーブル

70

動詞 名詞 形容詞・副詞など 熟語 会話表現

255 **bedroom**
ベッルーム
[bédru:m]

名 寝室

256 **door**
ドーァ
[dɔ:r]

名 ドア

257 **window**
ウィンドウ
[windou]

名 窓

258 **wall**
ウォーァ
[wɔ:l]

名 壁, 塀
▶ a map on the **wall** （壁にはってある地図）

259 **video game**
ヴィーディオウ ゲイム
[vídiou geim]

名 テレビゲーム
▶ play a **video game** （テレビゲームをする）

060 **living room**
リヴィング ルーム
[líviŋ ru:m]

名 居間, リビングルーム

261 **sofa**
ソゥファ
[soufə]
発音

名 ソファー

262 **floor**
フローァ
[flɔ:r]

名 床, 階
▶ on **the second floor** （2階に）

☑ 263	**radio** レイディオウ [réidiou] ●発音	名 ラジオ 複 radios ▶ listen to the **radio**（ラジオを聞く）
☑ 264	**towel** タウァゥ [táuəl]	名 タオル
☑ 265	**bathroom** ベアスルーム [bǽθru:m]	名 浴室, トイレ
☑ 266	**bottle** バートォ [bátl]	名 びん ▶ a **bottle of** water（ボトル1本の水）
☑ 267	**clock** クラーク [klɑk]	名 (置き)時計
☑ 268	**album** エァゥバム [ǽlbəm]	名 アルバム
☑ 269	**calendar** キャレンダァ [kǽləndər] ●発音	名 カレンダー
☑ 270	**toy** トーィ [tɔi]	名 おもちゃ

動詞
名詞
形容詞・副詞など
熟語
会話表現

271 oven
アヴン
[ʌ́vən]
●発音

名 オーブン

TOPIC

趣味・スポーツ

272 party
パーティ
[pɑ́ːrti]

名 パーティー
複 parties
▶ have a birthday **party**（誕生日パーティーを開く）

273 movie
ムーヴィ
[múːvi]
●つづり

名 映画
▶ go to a **movie**（映画を見に行く）

274 game
ゲイム
[geim]

名 試合, ゲーム
▶ watch a soccer **game** on TV
（テレビでサッカーの試合を見る）

275 picture
ピクチャ
[píktʃər]

名 絵, 写真
▶ **take a picture** of a dog（犬の写真をとる）
take a pictureで「写真をとる」という意味。

276 trip
トリップ
[trip]

名 旅行
▶ go on a **trip** to Kyoto（京都へ旅行に行く）

277 fun
ファン
[fʌn]

名 おもしろいこと, 楽しみ
▶ The party was **fun**.
（パーティーは楽しかったです。）

☑ 278	**tennis** テニス [ténis]	名 テニス

☑ 279 **guitar**
ギターァ
[gitá:r] ●発音

名 **ギター**
▶ play the **guitar**
（ギターを弾く）

「楽器を弾く」というとき，楽器名の前にはふつう**the**をつけるよ。

☑ 280 **band**
ベァンド
[bænd]

名 バンド, 楽団
▶ a rock **band**（ロックバンド）

☑ 281 **sport**
スポート
[spɔ:rt]

名 スポーツ
▶ What's your favorite **sport**?
（あなたのいちばん好きなスポーツは何ですか。）

☑ 282 **song**
ソーング
[sɔ:ŋ]

名 歌

☑ 283 **baseball**
ベイスボーゥ
[béisbɔ:l]

名 野球
▶ play **baseball**
（野球をする）

スポーツ名の前には**a**や**the**はつけないよ。

☑ 284 **basketball**
ベァスキッボーゥ
[bǽskitbɔ:l]

名 バスケットボール
▶ I'm on the school **basketball** team.
（私は学校のバスケットボール部に入っています。）

☑ 285 **drum**
ドラム
[drʌm]

名 太鼓, ドラム

START

25%　　　50%　　　75%　　　100%

☑ 286 **hobby**
ハービ
[hábi]

名 趣味
複 hobbies

☑ 287 **volleyball**
ヴァーリボーク
[válibɔːl]

名 バレーボール

形容詞・副詞など

☑ 288 **drama**
ドラーマ
[drɑ́ːmə]

名 演劇, ドラマ

熟語

☑ 289 **magazine**
メアガズィーン
[mǽgəziːn]
つづり

名 雑誌

☑ 290 **program**
プロウグレアム
[próugræm]

名 番組, プログラム
▸ watch a cooking **program** (料理番組を見る)

会話表現

☑ 291 **violin**
ヴァイアリン
[vaiəlín]
発音

名 バイオリン

☑ 292 **painting**
ペインティング
[péintiŋ]

名 絵, 絵画

☑ 293 **golf**
ガークフ
[gɑlf]

名 ゴルフ

■》 022

☑ 294	**badminton** ベアドミントン [bǽdmintn]	名 バドミントン
☑ 295	**model** マードゥ [mádl] ●発音	名 模型, 型 ▶ a **plastic model**（プラモデル）
☑ 296	**tent** テント [tent]	名 テント
☑ 297	**instrument** インストルメント [ínstrumənt]	名 楽器 ▶ Do you play any **instruments**? （あなたは何か楽器を演奏しますか。） 「楽器」は a **musical instrument** とも言う。
☑ 298	**racket** レアキット [rǽkit]	名 ラケット
☑ 299	**tour** トゥアァ [tuər] つづり	名 旅行

TOPIC 行事

☑ 300	**concert** カーンサ〜ト [kánsə:rt]	名 コンサート ▶ give[have] a **concert**（コンサートを開く）

76

☑ 301

vacation

ヴェイ**ケイ**ション
[veikéiʃən]
●発音

名 休み, 休暇
き ゅ う か

▶ How was your **vacation**?
（休暇はどうでしたか。）

☑ 302

contest

カーンテスト
[kántest]

名 コンテスト

☑ 303

festival

フェスティヴォゥ
[féstəvəl]

名 祭り
まつ

▶ do a play at the **school festival**
（文化祭で演劇をする）

☑ 304

holiday

ハーリデイ
[hálədei]

名 休日, 祝日
きゅうじつ　しゅくじつ

☑ 305

event

イ**ヴェ**ント
[ivént]

名 行事, 出来事
ぎょうじ　できごと

☑ 306

match

メアッチ
[mætʃ]

名 試合
しあい

▶ a tennis **match**（テニスの試合）

☑ 307

ceremony

セレモウニ
[sérəmouni]

名 式, 儀式
しき　ぎしき

複 ceremonies

▶ a graduation **ceremony**（卒業式）
そつぎょうしき

6 学校・教科

classroom
教室

blackboard
黒板

textbook
教科書

eraser
消しゴム

teacher
先生

ruler
定規

dictionary
辞書

locker
ロッカー

desk
机

student
生徒

79

023

TOPIC 学校・教科
がっ こう きょう か

☑ 308	**book** ブック [buk]	名 本 ほん ▶ read a **book** about animals （動物に関する本を読む） 関連 notebook 名 ノート
☑ 309	**teacher** ティーチァァ [tíːtʃər]	名 教師, 先生 きょう し せん せい ▶ a math **teacher** （数学の先生） すう がく せん せい
☑ 310	**student** ｽテューデント [stjúːdnt]	名 生徒, 学生 せい と がく せい ▶ a junior high school **student** （中学生） ちゅう がく せい
☑ 311	**class** ｸレアｽ [klæs]	名 授業, クラス, 組 じゅ ぎょう くみ ▶ an English **class** （英語の授業） えい ご じゅ ぎょう
☑ 312	**test** テスト [test]	名 テスト, 試験 し けん ▶ How was your science **test**? （理科のテストはどうでしたか。） り か
☑ 313	**lesson** レッン [lésn]	名 授業, レッスン, 教訓 じゅ ぎょう きょう くん ▶ take piano **lessons** （ピアノのレッスンを受ける） う
☑ 314	**homework** ホウムワ〜ク [hóumwəːrk]	**a**をつけたり，複数形 ふくすうけい にしたりしないよ。 名 宿題 しゅく だい ▶ I have a lot of **homework**. （私は宿題がたくさんあります。） わたし しゅく だい

☑315 **subject**
サブヂェクト
[sʌ́bdʒekt]

名 教科, (メールなどの)件名
▶ What's your favorite **subject**?
（あなたのいちばん好きな教科は何ですか。）

☑316 **English**
イングリッシュ
[íŋgliʃ]

名 形 英語(の)
▶ speak **English** well（英語をじょうずに話す）

☑317 **club**
クラブ
[klʌb]

名 クラブ, 部
▶ I'm in the music **club**.
（私は音楽部に入っています。）

☑318 **math**
メァス
[mæθ]

名 数学

☑319 **science**
サーイエンス
[sáiəns]
つづり

名 理科, 科学
関連 scientist 名 科学者

☑320 **high school**
ハーイ スクーゥ
[hái skuːl]

名 高校
▶ go to **high school**（高校に通う）

☑321 **history**
ヒストゥリ
[hístəri]

名 歴史
▶ American **history**（アメリカ史）

☑322 **report**
リポート
[ripɔ́ːrt]

名 報告(書), レポート 動 報告する

動詞
名詞
形容詞・副詞など
熟語
会話表現

81

☑ 323	**gym** ヂム [dʒim]	名 体育館, ジム

☑ 324	**music** ミューズィク [mjúːzik]	名 音楽

☑ 325	**team** ティーム [tiːm]	名 チーム ▶ I'm on the basketball **team**. （私はバスケットボール部に入っています。）

☑ 326	**group** グループ [gruːp]　　つづり	名 集団, グループ

☑ 327	**dictionary** ディクショネリ [díkʃəneri]	名 辞書, 辞典 複 dictionaries

☑ 328	**art** アート [ɑːrt]	名 美術, 芸術

☑ 329	**cafeteria** キャフェティァリア [kæfətiəriə]	名 (学校などの)食堂, カフェテリア

☑ 330	**desk** デスク [desk]	名 机 関連 table 名 テーブル

☑ 331

textbook

テクストブク
[tékstbuk]

名 教科書
▶ I can't find my **textbook**.
（教科書が見つけられません。）

☑ 332

grade

グレイド
[greid]

名 学年, 成績
▶ I'm in the seventh **grade**.
（私は中学1年生です。）

> アメリカではふつう, 学年を小1（1年）から高3（12年）まで通しで数えるよ。

☑ 333

elementary school

エレメンタリ スクーゥ
[eléməntəri sku:l]

名 小学校

☑ 334

classroom

クレアスルーム
[klǽsru:m]

名 教室
▶ in the **classroom**（教室で）

☑ 335

ruler

ルーラァ
[rú:lər]

名 定規

☑ 336

uniform

ユーニフォーム
[jú:nəfɔ:rm]

名 制服
▶ a school **uniform**（学校の制服）

☑ 337

classmate

クレアスメイト
[klǽsmeit]

名 クラスメイト, 同級生

☑ 338

locker

ラーカァ
[lákər]

名 ロッカー

☑ 339	**eraser** イレイサァ [iréisər] ○発音	名 消しゴム, 黒板ふき
☑ 340	**blackboard** ブレァックボード [blǽkbɔːrd]	名 黒板 ▶ write on the **blackboard**（黒板に書く）

TOPIC 国・都市

☑ 341	**Japan** ヂャペアン [dʒəpǽn]	名 日本
☑ 342	**Canada** キャナダ [kǽnədə]	名 カナダ
☑ 343	**country** カントリ [kʌ́ntri] ✎つづり	名 国 複 countries ▶ What **country** do you want to visit? （あなたはどの国を訪れたいですか。）
☑ 344	**China** チャーイナ [tʃáinə]	名 中国
☑ 345	**France** ブレアンス [fræns]	名 フランス

☑ 346	**New York** ニュー **ヨ**ーク [nʲuː jɔːrk]	名 ニューヨーク(アメリカ東部の大都市)
☑ 347	**Australia** オースト**レ**イリャ [ɔːstréiljə] ●発音	名 オーストラリア
☑ 348	**Chicago** シ**カ**ーゴウ [ʃikáːgou]	名 シカゴ(アメリカ中部の都市) ▶ I'm from **Chicago**, America. (私はアメリカのシカゴ出身です。)
☑ 349	**London** **ラ**ンドン [lʌ́ndən] ●発音	名 ロンドン(イギリスの首都)
☑ 350	**Florida** フ**ロ**ーリダ [flɔ́ːrədə]	名 フロリダ州(アメリカ南東部の州)
☑ 351	**Italy** **イ**タリ [ítəli]	名 イタリア
☑ 352	**world** **ワ**〜ゥ [wəːrld] ●発音	名 世界 ▶ all over the **world** (世界中で[の])
☑ 353	**Mexico** **メ**ゥスィコウ [méksikou]	名 メキシコ

動詞
名詞
形容詞・副詞など
熟語
会話表現

026

TOPIC 言語(げんご)

☑ 354	**Japanese** デェアパニーズ [dʒǽpəni:z]	名 形 日本語(にほんご)(の), 日本人(にほんじん)(の)
☑ 355	**French** ァ**レ**ンチ [frentʃ]	名 形 フランス語(ご)(の), フランス人(じん)(の)
☑ 356	**Chinese** チャイ**二**ーズ [tʃaini:z]	名 形 中国語(ちゅうごくご)(の), 中国人(ちゅうごくじん)(の)
☑ 357	**Italian** イ**タ**リャン [itǽljən]	名 形 イタリア語(ご)(の), イタリア人(じん)(の)
☑ 358	**Spanish** ス**ペ**アニシュ [spǽniʃ]	名 形 スペイン語(ご)(の), スペイン人(じん)(の)
☑ 359	**language** レアングウィヂ [lǽŋgwidʒ]　🖉つづり	名 言語(げんご) ▶ speak three **languages**（3か国語(こくご)を話(はな)す）

👑 チェックテスト

1 Mom is cooking in the ( ).
1. kitchen 2. wall 3. bedroom 4. bathroom
(お母さんは台所で料理をしています。)

2 It's a little cold in here. Can you close the ( )?
1. box 2. store 3. room 4. window
(ちょっとここは寒いですね。窓を閉めてもらえますか。)

3 I want to go on a trip during summer ( ).
1. ceremony 2. festival 3. vacation 4. report
(夏休みの間に旅行に行きたいです。)

4 A: What's your favorite ( )?
B: I like history.
1. language 2. science 3. subject 4. culture
A: (あなたのいちばん好きな教科は何ですか。)
B: (歴史が好きです。)

5 Nancy visited three ( ) this year.
1. dictionaries 2. countries 3. worlds 4. grades
(ナンシーは今年, 3つの国を訪れました。)

答え (こた)　**1** 1　**2** 4　**3** 3　**4** 3　**5** 2

farmer
農場経営者

artist
芸術家

actor
俳優

writer
作家

soccer player
サッカー選手

police officer
警察官

doctor
医師

89

027

TOPIC
職業

☑ 360

doctor

ダークタァ
[dάktər]

🖊 つづり

名 医師
▶ go to the doctor（医者に行く）
関連 nurse **名** 看護師

☑ 361

singer

スィンガァ
[síŋər]

名 歌手

☑ 362

farmer

ファーマァ
[fάːrmər]

名 農場経営者, 農家の人

☑ 363

job

ヂャーブ
[dʒɑb]

名 仕事, 職
▶ get a new job（新しい職につく）

☑ 364

player

プレイァァ
[pléiər]

名 選手, プレーヤー, 演奏家
▶ a soccer player（サッカー選手）
関連 play **動** （スポーツなどを）する

☑ 365

artist

アーティスト
[άːrtist]

名 芸術家

☑ 366

writer

ライタァ
[rάitər]

🖊 つづり

名 作家

動詞
名詞
形容詞・副詞など
熟語
会話表現

☑ 367

police officer

ポリースオーフィサァ
[pəlíːs ɔ́ːfisər]

名 警察官

☑ 368

pilot

パーイロト
[páilət]

名 パイロット

☑ 369

volunteer

ヴァランティアァ
[vɑləntiər]
●発音

名 ボランティア
▶ work as a **volunteer**（ボランティアとして働く）

☑ 370

actor

エアクタァ
[ǽktər]

名 俳優
関連 **actress** 名 女優

TOPIC

仕事・学問

☑ 371

meeting

ミーティング
[míːtiŋ]

名 会合，会議
▶ I have a club **meeting** this afternoon.
（私はきょうの午後，クラブの会合があります。）

☑ 372

office

オーフィス
[ɔ́ːfis]

名 事務所，オフィス，会社
▶ go to the **office**（会社に行く）

☑ 373

problem

ブラ—ブレム
[prɑ́bləm]

名 問題
▶ What is the girl's **problem**?
（その女の子の問題は何ですか。）

リスニング問題でよく
聞かれる質問だよ。

028

☑ 374 **idea**
アイ**ディー**ア
[aidíːə]
●発音

名 考え
▶ That's a good **idea**. (それはいい考えですね。)
▶ **I have no idea.** (私にはまったくわかりません。)

☑ 375 **question**
ク**ウェ**スチョン
[kwéstʃən]

名 質問, 問題
▶ I have a **question**. (質問があります。)

☑ 376 **story**
ス**トー**リ
[stɔ́ːri]

名 物語
複 stories

> an をつけたり複数形にしたりしないよ。

☑ 377 **information**
インフォ**メイ**ション
[infərméiʃən]

名 情報
▶ For more **information**, check our website. (さらなる情報につきましては当方のウェブサイトをご覧ください。)

☑ 378 **goal**
ゴウ
[goul]
●発音

名 (サッカーなどの)ゴール, 得点
▶ He got three **goals** in the game. (彼はその試合で3得点をあげました。)

☑ 379 **line**
ラーイン
[lain]

名 線, (電車の)路線
▶ make a **line** (1列に並ぶ)

☑ 380 **page**
ペイヂ
[peidʒ]

名 ページ

☑ 381 **part**
パート
[pɑːrt]

名 部分
▶ the first **part** of the book (本の最初の部分)

☑ 382

speech
スピーチ
[spiːtʃ]

名 スピーチ, 演説
▶ a **speech** contest (スピーチコンテスト)

☑ 383

way
ウェイ
[wei]

名 道, 方向, 方法
▶ Could you tell me the **way** to the station?
(駅への道を教えていただけますか。)

☑ 384

word
ワ～ド
[wəːrd]
● 発音

名 単語, 言葉
▶ learn some English **words**
(英単語をいくつか学ぶ)

☑ 385

plan
プレアン
[plæn]

名 計画　動 計画する
ing形 planning　過 planned
▶ What are your **plans** for the weekend?
(週末の予定は何ですか。)

☑ 386

news
ニュー z
[njuːz]
● 発音

名 知らせ, ニュース
▶ hear **news** on the radio
(ラジオでニュースを聞く)

a をつけたり
複数形にした
りしないよ。

☑ 387

company
カンパニ
[kʌ́mpəni]

名 会社
複 companies
▶ work for a computer **company**
(コンピューター会社に勤めている)

☑ 388

copy
カ～ピ
[kápi]

名 コピー, (本などの)部
動 コピーする
複 3単現 copies　過 copied

☑ 389

message
メスィヂ
[mésidʒ]

名 伝言, メッセージ
▶ Would you like to leave a **message**?
(伝言を残されますか。)

029

☑ 390

notice

ノウティス
[nóutis]

名 通知, 掲示　動 気づく

▶ Did you see the **notice** about the meeting?
（あなたは会議についての掲示を見ましたか。）

☑ 391

project

プラーヂェクト
[prάdʒekt]

名 計画

TOPIC

家族・人

☑ 392

grandmother

ッレアンマザァ
[grǽndmʌðər]

名 祖母

> 会話ではよく **grandma** と
> くだけた言い方で使われる
> よ。

☑ 393

woman

ウマン
[wúmən]

名 女性

複 women [ウィミン]　●発音

☑ 394

man

メアン
[mæn]

名 男性

複 men [メン]

☑ 395

people

ピーポウ
[píːpl]

つづり

名 人々

▶ There were many **people** at the concert.
（コンサートにはたくさんの人々がいました。）

☑ 396

pet

ペット
[pet]

名 ペット

▶ Do you have any **pets**?
（あなたは何かペットを飼っていますか。）

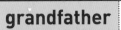

☑ 397

grandfather

グ**レ**アンファーザァ
[grǽndfɑːðər]

名 祖父 (そ ふ)

会話ではよく **grandpa** とくだけた言い方で使われるよ。

☑ 398

son

サン
[sʌn]

名 息子 (むすこ)

☑ 399

name

ネイム
[neim]

名 名前 (な まえ)
▶ My **name** is Ann. (私の名前はアンです。)

☑ 400

uncle

アンコゥ
[ʌ́ŋkl]

つづり

名 おじ

☑ 401

parent

ペアレント
[péərənt]

発音

名 親 (おや)
▶ I visited China with my **parents**.
(私は両親といっしょに中国を訪れました。)
関連 **father** 名 父　**mother** 名 母

☑ 402

daughter

ドータァ
[dɔ́ːtər]

発音　つづり

名 娘 (むすめ)

gh は発音 (はつおん) しないよ。

☑ 403

grandparent

グ**レ**アンペアレント
[grǽndpeərənt]

名 祖父母 (そ ふ ぼ)
▶ my **grandparents** (私の祖父母)

☑ 404

member

メンバァ
[mémbər]

つづり

名 メンバー
▶ I'm a **member** of the art club.
(私は美術部の部員です。)

☑ 405	**child** チャーイゥド [tʃaild]	名 子ども 複 children [チゥドレン] ●発音 ▶ when I was a **child**（私が子どものときに）
☑ 406	**aunt** エアン [ænt]	名 おば
☑ 407	**cousin** カメン [kʌ́zn] ●発音 ◆つづり	名 いとこ
☑ 408	**host** ホウスト [houst]	名 (客をもてなす)主人 ▶ a **host** family（ホストファミリー） ホームステイ先の家族のことだよ。
☑ 409	**wife** ワーイフ [waif]	名 妻 複 wives [ワーイッヅ]
☑ 410	**husband** ハズバンド [hʌ́zbənd] ◆つづり	名 夫
☑ 411	**baby** ベイビ [béibi]	名 赤ちゃん 複 babies ▶ a **baby** girl（女の赤ちゃん）
☑ 412	**grandson** グレアンサン [grǽndsʌn]	名 孫息子, 男の孫 関連 granddaughter 名 孫娘, 女の孫

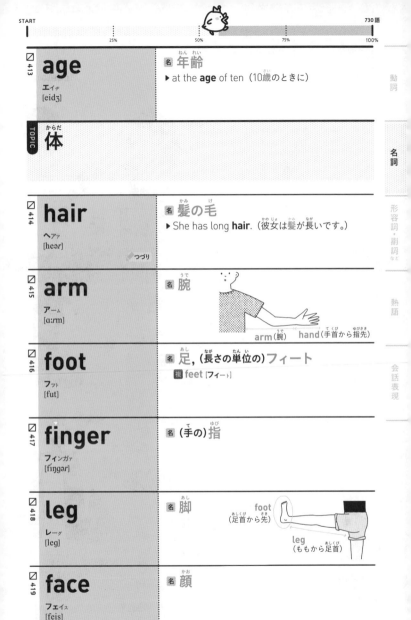

動詞

名詞

形容詞・副詞など

熟語

会話表現

☑ 413 age

エイヂ
[eidʒ]

名 年齢

▶ at the **age** of ten（10歳のときに）

TOPIC 体 からだ

☑ 414 hair

ヘアァ
[heər]

つづり

名 髪の毛 かみ け

▶ She has long **hair**.（彼女は髪が長いです。）かみ なが

☑ 415 arm

アーム
[ɑːrm]

名 腕 うで

arm（腕）うで　hand（手首から指先）てくび ゆびさき

☑ 416 foot

フット
[fut]

名 足,（長さの単位の）フィート あし なが たんい

複 feet [フィート]

☑ 417 finger

フィンガァ
[fíŋgər]

名 (手の)指 ゆび

☑ 418 leg

レーグ
[leg]

名 脚 あし

foot（足首から先）あしくび さき

leg（ももから足首）あしくび

☑ 419 face

フェイス
[feis]

名 顔 かお

customer
客

clerk
店員

jacket
上着

backpack
リュックサック

scarf
マフラー

wallet
さいふ

98

coat
コート

boots
ブーツ

sweater
セーター

dress
ワンピース

99

031

TOPIC 衣服・身につけるもの

☑ 420
umbrella
アンブ**レ**ラ
[Ambrélə]
　🖊つづり

名 かさ
▶ Take your **umbrella** with you.
（かさを持っていきなさい。）

☑ 421
shoe
シュー
[ʃuː]
　🖊つづり

名 くつ
▶ tennis **shoes**
（テニスシューズ）

2つで1足なので、ふつう複数形にするよ。

☑ 422
shirt
シャ〜ト
[ʃəːrt]
　●発音

名 シャツ
▶ This **shirt** is too small for me.
（このシャツは私には小さすぎます。）

☑ 423
cell phone
セゥ フォウン
[sél foun]

名 携帯電話
▶ Please call me on my **cell phone**.
（私の携帯に電話してください。）
1語で cellphone と書くこともある。

☑ 424
dress
ドレス
[dres]

名 ドレス, ワンピース, 服
▶ I'll wear this **dress** to the party.
（私はこのドレスをパーティーに着て行きます。）

☑ 425
clothes
ゥ**ロ**ウズ
[klouz]
　●発音

名 衣服
▶ Change your **clothes**.
（服を着替えなさい。）

いつも複数形としてあつかわれるよ。

☑ 426
coat
コウト
[kout]
　●発音　🖊つづり

名 コート

☑ 427

jacket

ヂェアキット
[dʒǽkit]

名 上着, ジャケット

☑ 428

skirt

スカ〜ト
[skə:rt]

名 スカート

☑ 429

wallet

ワーレト
[wάlət]

名 さいふ
▶ I lost my **wallet**. (私はさいふをなくしました。)

☑ 430

backpack

ベアックベアック
[bǽkpæk]

名 バックパック, リュックサック
▶ carry[wear] a **backpack**
(バックパックを背負う)

☑ 431

sweater

スウェタァ
[swétər]

●発音 ●つづり

名 セーター

☑ 432

boot

ブート
[bu:t]

名 長ぐつ, ブーツ
▶ rain **boots** (雨ぐつ, レインブーツ)

☑ 433

scarf

スカーフ
[skɑ:rf]

名 マフラー, えり巻き, スカーフ
複 scarfs または scarves [スカーヴズ]

☑ 434

ring

リング
[riŋ]

名 指輪
動 鳴る
過 rang [レアング]

101

032

TOPIC 買い物

435 dollar
ダーラァ
[dálər]
✏️つづり

名 ドル
▶ ten **dollars**（10ドル）

436 color
カラァ
[kʌ́lər]

名 色
▶ What **color** would you like?
（何色がよろしいですか。）

> お店で店員が使う表現だよ。

437 money
マニ
[mʌ́ni]

名 お金
▶ have a lot of **money**（お金をたくさん持っている）

438 sale
セイゥ
[seil]

名 販売, 特売, セール
▶ These shirts are **on sale**.
（これらのシャツは特売になっています。）

439 size
サーイズ
[saiz]

名 大きさ, サイズ
▶ Do you have this in a larger **size**?
（これの大きめのサイズはありますか。）

440 clerk
ゥラ〜ゥ
[kləːrk]

名 店員

441 customer
カスタマァ
[kʌ́stəmər]

名 (店などの)客, 顧客

START
25% 50% 75% 100%

730語

TOPIC 身のまわりのもの

☑442 **present**
プレズント
[préznt]

名 贈り物, プレゼント
▶ give him a **present**（彼にプレゼントをあげる）

☑443 **ticket**
ティキット
[tíkit]

名 切符, チケット

☑444 **letter**
レタァ
[létər]

名 手紙, 文字
▶ write a **letter** to her（彼女に手紙を書く）

☑445 **newspaper**
ニュースペイパァ
[njúːspeipər]　●発音

名 新聞
▶ a school **newspaper**（学校新聞）

☑446 **case**
ケイス
[keis]

名 容器, ケース, 場合
▶ a **pencil case**（筆箱）

☑447 **box**
バークス
[bɑks]

名 箱

☑448 **card**
カード
[kɑːrd]

名 カード, はがき
▶ a Christmas **card**（クリスマスカード）
▶ play **cards**（トランプをする）
複数形で「トランプ」の意味にもなる。

103

☑ 449	**map** メァプ [mæp]	名 地図 ▶ I'll draw a **map** for you. （あなたに地図をかいてあげましょう。）
☑ 450	**paper** ペイパァ [péipər]	名 紙 ▶ Some **paper**, please.（紙を何枚かください。） 数えられない名詞で，複数形にしない。数えるときは **a piece of paper**（1枚の紙）のように言う。
☑ 451	**postcard** ポゥスカード [póustkɑːrd]	名 郵便はがき
☑ 452	**poster** ポゥスタァ [póustər]	名 ポスター
☑ 453	**passport** ペァスポート [pæspɔːrt]	名 パスポート
☑ 454	**gift** ギフト [gift]	名 贈り物
☑ 455	**stamp** ステァンプ [stæmp]	名 切手
☑ 456	**key** キー [kiː]　つづり	名 かぎ

TOPIC その他

動詞

名詞

形容詞・副詞など

熟語

会話表現

☐ 457

thing

スィング
[θiŋ]

名 もの, こと

▶ I have a lot of **things** to do.
（私にはすることがたくさんあります。）

☐ 458

care

ケアァ
[keər]

名 世話, 注意

▶ **take care of** a dog（犬の世話をする）

take care of ～で**「～の世話をする」**という意味。

☐ 459

seat

スィート
[si:t]

名 座席

▶ Please **have a seat**.（どうぞおすわりください。）

☐ 460

dream

ドリーム
[dri:m]

名 夢

▶ My **dream** is to be a soccer player.
（私の夢はサッカー選手になることです。）

☐ 461

luck

ラック
[lʌk]

名 運

☐ 462

attention

アテンション
[əténʃən]

名 注意

▶ **Attention, please.**（お知らせいたします。）

1 I want to be a (　) and help sick people.
   1. writer　**2.** farmer　**3.** player　**4.** doctor
   （私は医者になって病気の人々を助けたいです。）

2 *A:* I'm sorry I'm late.
   B: No (　).
   1. question　**2.** problem　**3.** idea　**4.** word
   A: （ごめんなさい，遅れました。）—*B:* （問題ありません。）

3 *A:* Could you tell me the (　) to the hospital?
   B: Go down this street.
   1. word　**2.** plan　**3.** way　**4.** goal
   A: （病院への道を教えていただけますか。）
   B: （この通りを進んでください。）

4 *A:* Is Tom there?
   B: He's out now.　Would you like to leave a (　)?
   1. sound　**2.** message　**3.** news　**4.** speech
   A: （トムはいますか。）
   B: （彼は今，外出しています。伝言を残されますか。）

5 Amy is a (　) of the art club.
   1. group　**2.** member　**3.** class　**4.** classmate
   （エイミーは美術部の部員です。）

....

答え　**1** 4　**2** 2　**3** 3　**4** 2　**5** 2

CHAPTER 3

形容詞・副詞など

👑 品詞別　4級によく出る形容詞・副詞など

この章では，英検4級によく出る動詞・名詞以外の単語を掲載しています。このような単語を効果的に覚えるコツは，よく一緒に使われる単語とまとめて覚えることです。単語の意味を覚えるだけではなく，例文にも注目して学習しましょう。

9 形容詞

easy 簡単な

difficult 難しい

same 同じ

different 違った

clean きれいな

dirty 汚れた

long 長_{なが}い

short 短_{みじか}い

large 大_{おお}きい

small 小_{ちい}さい

hungry 空腹_{くうふく}の

full 満腹_{まんぷく}の

◀)) 034

THEME 形容詞

□ 463

some
サム
[sʌm]

形 代 いくつか(の), いくらか(の)
▶ **some** eggs (いくつかの卵)
▶ Would you like **some more**?
（もう少しいかがですか。）

□ 464

last
レアスト
[læst]

形 この前の, 最後の
▶ **last** month (先月)
▶ the **last** train (最終電車)

□ 465

next
ネクスト
[nekst]

形 次の 副 次に
▶ **next** week (来週)
▶ **next to** a bookstore (書店のとなりに)

□ 466

every
エヴリ
[évri]

形 どの〜もすべて, 毎〜
▶ I get up at 6:00 **every morning**.
（私は毎朝6時に起きます。）
everyのあとの名詞は単数形にする。

□ 467

many
メニ
[méni]

形 たくさんの
比 more [モーァ] ― most [モウスト]
▶ **How many** cats do you have?
（ネコを何びき飼っていますか。）

□ 468

late
レイト
[leit]

形 遅い, 遅れた 副 遅く, 遅れて
▶ **be late for** school (学校に遅刻する)
関連 **later** 副 あとで

動詞

名詞

熟語

会話表現

☑ 469

favorite

フェイヴァリト
[féivərit]

つづり

形 名 お気に入り(の)

▶ What's your **favorite** food?
(あなたのいちばん好きな食べ物は何ですか。)

☑ 470

sure

シュアァ
[ʃuər]

形 確信して

▶ **I'm not sure.**（よくわかりません。）

☑ 471

long

ローング
[lɔːŋ]

形 長い　副 長く

☑ 472

much

マッチ
[mʌtʃ]

形 代 たくさん(の)　副 とても

比 more [モーァ] — most [モウスト]

▶ **How much** is this?（これはいくらですか。）
▶ I like music **very much**.
（私は音楽がとても好きです。）

☑ 473

all

オーゥ
[ɔːl]

形 代 すべて(の)

▶ I made **all** the pies.（私がすべてのパイを作りました。）
▶ He did**n't** know about that **at all.**
（彼はそれについてまったく知りませんでした。）
not ~ at allで「少しも~ない」という意味。

☑ 474

any

エニ
[éni]

形 (疑問文で)いくつかの, (否定文で)少しも

▶ Do you have **any** pets?（ペットを何か飼っていますか。）
▶ I don't have **any** pets.（私はペットを（1ぴきも）
飼っていません。）

☑ 475

great

ｸレイト
[greit]

形 すばらしい, 偉大な

☑ 476	**clean** クリーン [kliːn]	形 きれいな　動 そうじする

| ☑ 477 | **right**
ラーイト
[rait]　　発音 | 形 正しい, 右の　副 右に
▶ in your **right** hand（あなたの右手に）
▶ turn **right**（右に曲がる）
関連 **left** 形 副 左の[に] |

| ☑ 478 | **happy**
ヘァピ
[hǽpi] | 形 幸せな
比 happier — happiest |

| ☑ 479 | **busy**
ビズィ
[bízi]　　つづり | 形 忙しい
比 busier — busiest |

| ☑ 480 | **high**
ハーイ
[hai]　　つづり | 形 高い　副 高く
▶ **How high** is Mt. Fuji?
（富士山はどのくらいの高さですか。） |

| ☑ 481 | **more**
モーァ
[mɔːr] | 形 もっと多くの　副 もっと
▶ Can you speak **more** slowly?
（もっとゆっくり話してくれませんか。）
一部の形容詞や副詞の前につけて**比較級をつくる**。 |

| ☑ 482 | **ready**
レディ
[rédi] | 形 準備ができた
▶ Are you **ready** to go?
（出かける準備はできましたか。） |

☑ 483

sunny
サニ
[sʌ́ni]
つづり

形 晴れた

☑ 484

best
ベスト
[best]

形 最もよい (goodの最上級)
副 最も (よく) (wellの最上級)
▶ Which season do you **like the best**?
（あなたはどの季節がいちばん好きですか。）

☑ 485

free
フリー
[fri:]

形 自由な, ひまな, 無料の
▶ What do you do in your **free** time?
（あなたはひまなときには何をしますか。）

☑ 486

kind
カーインド
[kaind]

形 親切な   名 種類
▶ She is very **kind**. （彼女はとても親切です。）

☑ 487

tired
タイアァド
[táiərd]

形 疲れた

☑ 488

hungry
ハングリ
[hʌ́ŋgri]
つづり

形 空腹の

☑ 489

special
スペシャゥ
[spéʃəl]

形 特別な

☐ 490	**small** スモーゥ [smɔːl] つづり	形 **小さい** 関連 **big** 形 大きい

| ☐ 491 | **fine** ファーイン [fain] | 形 **けっこうな, 元気な** ▶ That's **fine**. (それでけっこうです。) |

| ☐ 492 | **dear** ディアァ [diər] | 形 **(手紙の書き出しで)(親愛なる)〜様** ▶ **Dear** Ms. Brown, (親愛なるブラウン様) 手紙やメールなどで宛名を書くときに使うよ。 |

| ☐ 493 | **sick** スィック [sik] | 形 **病気の, 気分が悪い** ▶ I was **sick in bed**. (私は病気で寝ていました。) |

| ☐ 494 | **welcome** ウェゥカム [wélkəm] | 形 **歓迎される** |

| ☐ 495 | **better** ベタァ [bétər] つづり | 形 **よりよい(goodの比較級)** 副 **よりよく(wellの比較級)** ▶ I feel **better** now. (今は具合がよくなったよ。) ▶ I like cats **better than** dogs. (私は犬よりネコが好きです。) |

| ☐ 496 | **different** ディファレント [dífərənt] 発音 | 形 **違った, いろいろな** ▶ play three **different** songs (3曲の違った曲を演奏する) |

☑ 497	**difficult**　ディフィカゥト　[dífikəlt]　つづり	形 難しい　比 more ～ — most ～
☑ 498	**popular**　パーピュラァ　[pápjulər]　つづり	形 人気のある　比 more ～ — most ～　▶ **popular** among girls（少女たちの間で人気がある）
☑ 499	**delicious**　ディリシャス　[dilíʃəs]　発音	形 とてもおいしい
☑ 500	**little**　リトォ　[lítl]　つづり	形 小さい, 少しの　副 (a littleで)少し　比 less [レス] — least [リースト]　▶ a **little** girl（小さな女の子）
☑ 501	**rainy**　レイニ　[réini]	形 雨降りの
☑ 502	**bad**　ベァド　[bæd]	形 悪い　比 worse [ワ～ス] — worst [ワ～スト]　▶ She has a **bad** cold.（彼女はひどいかぜをひいています。）　関連 good 形 よい
☑ 503	**beautiful**　ビューティフォ　[bjúːtəfəl]	形 美しい　比 more ～ — most ～

動詞

名詞

形容詞・副詞など

熟語

会話表現

☑ 504	**famous** フェイマス [féiməs] 発音	形 有名な 比 more ~ — most ~ ▶ This restaurant **is famous for** its steak. （このレストランはステーキで有名です。）
☑ 505	**fast** フェアスト [fæst]	形 速い　副 速く
☑ 506	**other** アザァ [ʌ́ðər] 発音	形 ほかの, 別の　代 ほかの人[もの] ▶ with **other** students（ほかの生徒といっしょに）
☑ 507	**easy** イーズィ [íːzi]	形 簡単な, やさしい 比 easier つづり — easiest
☑ 508	**young** ヤング [jʌŋ] つづり	形 若い 関連 old 形 年配の
☑ 509	**cloudy** クラウディ [kláudi]	形 くもりの ▶ It will be **cloudy** tomorrow. （あしたはくもりでしょう。）
☑ 510	**cute** キュート [kjuːt]	形 かわいい 比 cuter — cutest

動詞

名詞

形容詞・副詞など

熟語

会話表現

☑ 511 **interesting**

インタリスティング
[íntəristiŋ]

形 おもしろい, 興味深い

比 more ～ — most ～

☑ 512 **own**

オウン
[oun]

形 自分自身の

▶ Take **your own** umbrella.
（あなた自身のかさを持っていきなさい。）

your（あなたの）, my（私の）などのあとに使う。

☑ 513 **short**

ショート
[ʃɔːrt]

形 短い, 背が低い

☑ 514 **wrong**

ローング
[rɔːŋ]
つづり

形 間違った, 悪い

▶ **Something is wrong with** my computer.
（私のコンピューターの調子がおかしいです。）

☑ 515 **heavy**

ヘヴィ
[hévi]
つづり

形 重い

比 heavier — heaviest
関連 **light** 形 軽い

☑ 516 **most**

モウスト
[moust]

形 ほとんどの, 最も多い 副 最も

▶ **the most** important thing（最も重要なこと）
一部の形容詞や副詞の前につけて**最上級をつくる。**

☑ 517 **sad**

セアド
[sæd]

形 悲しい

117

☑ 518 **large** ラーヂ [lɑ:rdʒ]	形 大きい, 広い 比 larger — largest
☑ 519 **pretty** プリティ [príti]	形 かわいらしい, きれいな 比 prettier — prettiest
☑ 520 **another** アナザァ [ənʌ́ðər] 発音	形 もう1つ[ひとり]の, 別の ▶ This doughnut is good. 　— Do you want **another** one? （このドーナツおいしいね。—もう1つどう？）
☑ 521 **careful** ケアフォ [kéərfəl]	形 注意深い ▶ **Be careful.**（気をつけて。）
☑ 522 **lucky** ラキ [lʌ́ki]	形 幸運な
☑ 523 **full** フゥ [ful]	形 いっぱいの ▶ The sky **is full of** stars.（空は星でいっぱいです。）
☑ 524 **quiet** クワーイエト [kwáiət] つづり	形 静かな

525 warm ウォーム [wɔ:rm] 発音	形 暖かい, 温かい 関連 cool 形 すずしい
526 windy ウィンディ [windi]	形 風の強い
527 same セイム [seim]	形 同じ ▶ We are in **the same** class.（私たちは同じクラスです。）前に**the**がつくことが多い。
528 soft ソーフト [sɔ:ft]	形 やわらかい
529 strong ストローング [strɔ:ŋ]	形 強い 関連 weak 形 弱い
530 surprised サプラーイズド [sərpráizd]	形 驚いた ▶ I was very **surprised**.（私はとても驚きました。）関連 surprise 動 驚かせる 名 驚き
531 wonderful ワンダフォ [wʌ́ndərfl]	形 すばらしい

動詞　名詞　形容詞・副詞など　熟語　会話表現

119

☑ 532 **each** イーチ [i:tʃ]	形 代 **それぞれ(の)** ▶ **Each** student will make a speech. （それぞれの生徒がスピーチをします。） each のあとの名詞は**単数形**にする。 ▶ help **each other**（おたがいに助け合う） **each other** で「**おたがい**」という意味。
☑ 533 **snowy** スノウイ [snóui]	形 **雪の降る**
☑ 534 **angry** エアングリ [ǽŋgri]	形 **怒った**
☑ 535 **dirty** ダ～ティ [də́:rti]　つづり	形 **汚い, 汚れた** 比 dirtier — dirtiest
☑ 536 **exciting** イクサーイティング [iksáitiŋ]	形 **わくわくさせる** 比 more ~ — most ~ ▶ The game was **exciting**. （その試合はわくわくしました。）
☑ 537 **far** ファーァ [fɑ:r]	形 **遠い** 副 **遠くに** ▶ She lives **far away**.（彼女は遠くに住んでいます。）

動詞

名詞

形容詞・副詞など

熟語

会話表現

☑ 538
medium
ミーディアム
[míːdiəm]

形 (サイズなどが)中くらいの

☑ 539
sleepy
スリーピ
[slíːpi]

形 眠い

☑ 540
tall
トーゥ
[tɔːl]

形 背が高い, (木・建物などが)高い
▶ a **tall** building (高いビル)

☑ 541
useful
ユースフォ
[júːsfl]

形 役に立つ
比 more ~ — most ~
▶ **useful** advice (役に立つアドバイス)

☑ 542
dark
ダーク
[dɑːrk]

形 暗い
関連 **light** 形 明るい

☑ 543
dry
ドライ
[drai]

形 乾いた 動 乾かす
3単現 dries 過 dried

☑ 544
excited
イクサーイティド
[iksáitid]

形 興奮した
比 more ~ — most ~
▶ I'm **excited** about the trip.
(私は旅行でわくわくしています。)

☑ 545	**expensive** イクスペンスィヴ [ikspénsiv]　発音	形 (値段が)高い 比 more ~ — most ~ 関連 cheap 形 安い
☑ 546	**funny** ファニ [fʌ́ni]　つづり	形 おかしな 比 funnier — funniest
☑ 547	**half** ヘァフ [hæf]　つづり	形 名 半分(の) 複 halves [ヘァヴズ] ▶ two and a **half** hours (2時間半)
☑ 548	**professional** プロフェショナゥ [prəféʃənəl]　つづり	形 プロの, 専門的な
☑ 549	**rich** リチ [ritʃ]	形 金持ちの, 豊かな 関連 poor 形 貧しい
☑ 550	**thirsty** サ〜スティ [θə́:rsti]　つづり	形 のどのかわいた
☑ 551	**glad** グレアッド [glæd]	形 うれしい ▶ I'**m glad to** hear that. (私はそれを聞いてうれしいです。)

122

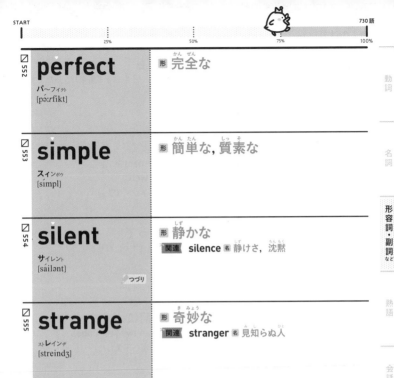

☑ 552 **perfect**
バ〜フィクト
[pə́ːrfikt]

形 完全な

☑ 553 **simple**
スインプゥ
[símpl]

形 簡単な, 質素な

☑ 554 **silent**
サイレン
[sáilənt]

形 静かな
関連 **silence** 名 静けさ, 沈黙

☑ 555 **strange**
ストレインヂ
[streindʒ]

形 奇妙な
関連 **stranger** 名 見知らぬ人

THEME **副詞**

☑ 556 **now**
ナウ
[nau]

副 今
▶ Where are you **now**? (今どこにいるのですか。)

☑ 557 **here**
ヒアァ
[hiər]

副 ここに[で]
▶ Can I sit **here**? (ここにすわってもいいですか。)

動詞

名詞

形容詞・副詞など

熟語

会話表現

041

☑ 558 **really**

リーァリ
[ríːəli]

つづり

■副 **本当に, とても**
▶ It was **really** fun. (それはとても楽しかったです。)

☑ 559 **well**

ウェ_ゥ
[wel]

■副 **じょうずに, よく**
比 better [ベタァ] ― best [ベスト]
▶ She plays tennis **well**.
(彼女はテニスがじょうずです。)

☑ 560 **back**

ベアッ_ク
[bæk]

■副 **うしろへ, 戻って**
▶ I'll **be back** soon. (すぐに戻ります。)

☑ 561 **ago**

ァゴゥ
[əɡóu]

■副 **(今から)〜前に**
▶ She came to Japan two years **ago**.
(彼女は2年前に日本へ来ました。)

☑ 562 **up**

ァ_ッ
[ʌp]

■副 **上へ, 起きて**
▶ **stand up** (立ち上がる)

☑ 563 **just**

ヂャスト
[dʒʌst]

■副 **ちょうど, ほんの, ただ**
▶ I **just** got home.
(私はちょうど帰宅したところです。)

☑ 564 **soon**

スーン
[suːn]

■副 **すぐに**
▶ He'll come back **soon**.
(彼はすぐに戻って来ます。)

動詞

名詞

形容詞・副詞など

熟語

会話表現

☑ 565 **o'clock**

アクラーク
[əklák]

副 〜時

▶ at six **o'clock**（6時に）

時刻が「〜時ちょうど」
というときに使うよ。

☑ 566 **usually**

ユージュアリ
[júːʒuəli]

つづり

副 ふつう(は), たいてい

▶ She **usually** has a sandwich for lunch.
（彼女はふつう昼食にサンドイッチを食べます。）

まとめてCheck! 「頻度」を表す副詞

always	（いつも）
usually	（たいてい）
often	（よく）
sometimes	（ときどき）

I ＿＿＿＿ walk to school.
（私は ＿＿＿＿ 学校へ歩いていきます。）

☑ 567 **then**

ゼン
[ðen]

副 そのとき, それから

▶ Where were you **then**?
（そのときどこにいましたか。）
▶ It was cloudy, and **then** it started to rain.
（くもっていて, それから雨が降りだしました。）

☑ 568 **together**

トゥゲ゙ザァ
[təgéðər]

副 いっしょに

▶ Let's go **together**.（いっしょに行きましょう。）

☑ 569 **again**

アゲ゙ン
[əgén]

副 再び, また

▶ Please come **again**.（また来てください。）

☑ 570 **often**

オーッン
[ɔ́ːfn]

つづり

副 よく, しばしば

▶ I **often** go to the park.
（私はその公園によく行きます。）

☑ 571	**also** オーッソウ [ɔ́ːlsou]	副 〜もまた ▶ I'm from Canada. — I'm **also** from Canada. （私はカナダ出身です。—私もカナダ出身です。）
☑ 572	**early** ア〜リ [ə́ːrli]　発音	副 早く　形 早い 比 earlier — earliest ▶ get up **early**（早起きする）
☑ 573	**hard** ハード [hɑːrd]	副 一生懸命に 形 かたい, 難しい ▶ He practices **hard**. （彼は熱心に練習します。）
☑ 574	**once** ワンス [wʌns]　つづり	副 1回, かつて ▶ **once** a week（週に1回）
☑ 575	**only** オウンリ [óunli]　発音	副 ただ〜だけ, 〜しか　形 ただ1つの ▶ I **only** have one dollar. （私は1ドルしか持っていません。）
☑ 576	**sometimes** サムタイムズ [sʌ́mtaimz]	副 ときどき ▶ I **sometimes** take the bus to school. （私はときどきバスに乗って学校に行きます。）
☑ 577	**off** オーフ [ɔːf]	副 離れて, 消えて ▶ **get off** the bus（バスを降りる） ▶ **turn off** the TV（テレビを消す）

☑ 578

maybe

メイビ
[méibi]

副 もしかしたら（〜かもしれない）

▶ **Maybe** it will snow tonight.
（もしかしたら今夜は雪が降るかもしれません。）

☑ 579

twice

トワイス
[twais]

副 2回, 2倍

☑ 580

down

ダウン
[daun]

副 下へ, 下がって

▶ **sit down**（すわる）

☑ 581

out

アウト
[aut]

副 外へ[に]

▶ He's **out** now.（彼は今外出しています。）

☑ 582

always

オーゥウェイズ
[ɔ́:lweiz]

副 いつも

▶ His stories are **always** interesting.
（彼の話はいつもおもしろい。）

☑ 583

away

アウェイ
[əwéi]

副 離れて

▶ **run away**（逃げる）

☑ 584

still

スティゥ
[stil]

副 まだ

▶ Is it **still** raining?（まだ雨が降っていますか。）

☑ 585 **outside** アウトサーイド [autsáid]	副 外に[で] 前 ～の外に ▶ play **outside**（外で遊ぶ）
☑ 586 **slowly** スロウリ [slóuli]	副 ゆっくりと 比 more ～ — most ～ ▶ Can you walk more **slowly**? （もっとゆっくり歩いてくれませんか。）
☑ 587 **someday** サムデイ [sʌ́mdei]	副（未来の）いつか ▶ I want to be a pilot **someday**. （私はいつかパイロットになりたいです。）
☑ 588 **already** オールレディ [ɔːlrédi]　つづり	副 すでに, もう ▶ It's **already** ten o'clock.（もう10時です。）
☑ 589 **inside** インサーイド [insáid]	副 中に, 内側に 前 ～の中に ▶ Can I wait **inside**?（中で待ってもいいですか。）
☑ 590 **yet** イェト [jet]	副（疑問文で）もう,（否定文で）まだ ▶ I'm not ready **yet**. （私はまだ準備ができていません。）
☑ 591 **ahead** アヘッド [əhéd]　つづり	副 前方に, 先に ▶ Can I close the window? − Sure. **Go ahead**. （窓を閉めてもいいですか。―もちろん。どうぞ。） **Go ahead.** は許可したり話をうながしたりする表現。

勤詞

名詞

形容詞・副詞 など

熟語

会話表現

☑ 592

almost

オーゥモウスト
[ɔ́:lmoust]

副 ほとんど, もう少しで

▶ It's **almost** noon. (もう少しで正午です。)

☑ 593

anywhere

エニッウェアァ
[énihweər]

副 (疑問文で)どこかに, (否定文で)どこにも(〜ない), (肯定文で)どこへでも

▶ Will you go **anywhere** this weekend?
(この週末にどこかへ行きますか。)

THEME

接続詞

☑ 594

and

エアンド
[ænd]

接 〜と…, そして

▶ He went to the library **and** borrowed a book.
(彼は図書館に行き, そして本を借りました。)

☑ 595

but

バト
[bʌt]

接 しかし, だが

▶ I went to his house, **but** he was out.
(私は彼の家に行きましたが, 彼は外出中でした。)

☑ 596

so

ソゥ
[sou]

接 それで, だから
副 とても, そのように

▶ It was rainy, **so** I stayed home.
(雨だったので, 私は家にいました。)
▶ I think **so**, too. (私もそう思います。)

☑ 597

because

ビコーズ
[bikɔ́:z]

● 発音

接 (なぜなら)〜だから

▶ I went to bed early **because** I was tired.
(私は疲れていたので早く寝ました。)
▶ **because of** the snow (雪のために)

■)) 044

☑ 598 **or** オーァ [ɔːr]	接 ～または… ▶ I want a dog **or** a cat. (私は犬かネコがほしい。)
☑ 599 **both** ボゥス [bouθ] 　　つづり	接 (both A and Bで)AとBの両方とも 代 形 両方(の) ▶ play **both** soccer **and** tennis （サッカーもテニスもする）
☑ 600 **if** イフ [if]	接 もし～ならば ▶ **If** it rains tomorrow, I'll stay home. （もしあした雨ならば，私は家にいます。） if ～の中では，未来のことでも**現在形**で表す。

THEME **助動詞**

☑ 601 **will** ウィッ [wil]	助 ～するだろう, ～するつもりだ 過 would [ウド] 短縮形 will not = won't [ウォウント] ▶ I **will** visit him. （私は彼を訪ねるつもりです。）
☑ 602 **could** クド [kud] 　発音 つづり	助 ～できた(canの過去形) ▶ I **could** not sleep well. （よく眠れませんでした。） ▶ **Could you** speak slowly? （ゆっくり話していただけますか。） Can you ～?よりも丁寧に依頼する表現だよ。
☑ 603 **would** ウド [wud] 　発音	助 ～だろう(willの過去形) ▶ **Would you like** some tea? （お茶はいかがですか。） **Would you like** ～?は「～はいかがですか」とすすめるときに使う。

動詞

名詞

形容詞・副詞など

熟語

会話表現

☑ 604

should

シュ_ド
[ʃud]

つづり

助 ～したほうがよい, ～すべきだ
▶ What **should** I do?（私はどうしたらいいですか。）

☑ 605

may

メイ
[mei]

助 ～してもよい
▶ **May I** ask you a question?（質問してもいいですか。）
May I ～?は「～してもいいですか」と許可を求めるときに使う。

☑ 606

must

マ_{スト}
[mʌst]

助 ～しなければならない,
（must notで）～してはいけない
▶ I **must** go now.（私はもう行かなければなりません。）

☑ 607

shall

シェア_ゥ
[ʃæl]

助 (Shall I ～? / Shall we ～?で)
～しましょうか
▶ **Shall we** have lunch?
（昼食を(いっしょに)食べましょうか。）

THEME 前置詞・代名詞

☑ 608

to

トゥー
[tu:]

前 ～に, ～へ, ～まで
▶ I like **to** sing.（私は歌うことが好きです。）
〈to+動詞の原形〉で「～すること」「～するために」「～するための」などの意味を表す。

☑ 609

at

ア_ト
[æt]

前 ～で, ～に
▶ meet **at** the station（駅で会う）
▶ get up **at** seven（7時に起きる）

☑ 610 **in** イン [in]	前 ～の中に, ～に, ～で　副 中に ▶ **in** the box（箱の中に） ▶ **in** the park（公園で） ▶ **in** the afternoon（午後に） ▶ **in** April（4月に）
☑ 611 **for** フォーァ [fɔːr]	前 ～の間, ～のために ▶ **for** two weeks（2週間の間） ▶ What did you buy **for** her birthday? （彼女の誕生日のために何を買いましたか。）
☑ 612 **on** アン [ɑn]	前 ～の上に, ～に, ～で ▶ **on** the desk（机の上に） ▶ **on** May 5（5月5日に） ▶ **on** TV（テレビで）
☑ 613 **with** ウィず [wið]	前 ～といっしょに, ～を持って ▶ play tennis **with** Meg（メグとテニスをする） ▶ a girl **with** long hair（長い髪をした少女）
☑ 614 **about** アバウト [əbaut]	前 ～について　副 およそ, 約 ▶ What are they talking **about**? （彼らは何について話していますか。） リスニング問題でよく聞かれる質問だよ。
☑ 615 **of** アッ [ɑv]	前 ～の ▶ **a member of** the club（クラブの一員） ▶ He is the oldest **of** the three. （彼は3人の中でいちばん年上です。） 最上級の文で, 〈of the 数〉は「～の中で」という意味。
☑ 616 **by** バイ [bai]	前 ～によって, ～のそばに, ～までに ▶ go to school **by bus**（バスで学校に行く） ▶ **by** the door（ドアのそばに） ▶ **by** Friday（金曜日までに）

☑ 617

after

エァッタァ
[ǽftər]

前 〜のあとに　接 〜したあとに
▶ **after** dinner（夕食後に）

☑ 618

near

ニァァ
[níər]

前 〜の近くに　形 近い
▶ **near** the library（図書館の近くに）

☑ 619

before

ビフォーァ
[bifɔ́:r]

前 〜の前に　接 〜する前に
▶ **before** breakfast（朝食前に）

☑ 620

over

オウヴァァ
[óuvər]

前 〜の上に, 〜中で　副 終わって
▶ **all over the world**（世界中で）
▶ The game is **over**.（試合は終わっています。）

☑ 621

under

アンダァ
[ʌ́ndər]

つづり

前 〜の下に, 〜未満で[の]
▶ sit **under** the tree（木の下にすわる）
▶ children **under** ten years old
（10歳未満の子ども）

☑ 622

around

アラウンド
[əráund]

前 〜のまわりに, 〜ごろに
副 あちこちに
▶ **around** six（6時ごろに）
▶ walk **around** the town（町のあちこちを歩き回る）

☑ 623

than

ゼァン
[ðæn]

前 接 〜よりも
▶ I get up earlier **than** my sister.
（私は姉より早く起きます。）
▶ **more than** 100 people（100人より多くの人々）

046

☑ 624
into

イントゥー
[intu:]

前 〜の中へ
▶ Our teacher came **into** the classroom.
（私たちの先生が教室の中に入ってきました。）

☑ 625
as

エアズ
[æz]

前 〜として　接 〜と同じくらい
▶ work **as** a nurse（看護師として働く）
▶ I'm **as** tall **as** Tom.
（私はトムと同じくらいの背の高さです。）

☑ 626
during

デュァリング
[djúəriŋ]

つづり

前 〜の間（に）
▶ **during** the summer vacation（夏休みの間に）

☑ 627
until

アンティゥ
[əntíl]

前 接 〜（する）まで（ずっと）
▶ wait **until** five o'clock（5時まで待つ）

☑ 628
between

ビトウィーン
[bitwí:n]

発音

前 （2つ）の間に
▶ sit **between** Mike and Jane
（マイクとジェーンの間にすわる）

☑ 629
against

アゲンスト
[əgénst]

前 〜に反対して
▶ I'm **against** the plan.（私はその計画に反対です。）

☑ 630
among

アマング
[əmʌ́ŋ]

前 （3つ以上）の間に
▶ The actor is popular **among** young people.
（その俳優は若者の間で人気があります。）

☑ 631 **everyone**

エヴリワン
[évriwʌn]

代 **みんな**
▶ **Everyone** loves chocolate.
（みんなチョコレートが大好きです。）
単数扱いなので、現在の文では**動詞は3単現の形**
になる。

☑ 632 **something**

サムスィング
[sʌ́mθiŋ]

代 **何か, あるもの[こと]**
▶ **something** special（何か特別なもの[こと]）
形容詞は something などの**うしろに置く。**

> ふつう疑問文や否定文では anything を使うよ。

☑ 633 **anything**

エニスィング
[éniθiŋ]

代 **(疑問文で) 何か,**
(否定文で) 何も (〜ない)
▶ Do you want **anything**?（何かほしいですか。）
▶ I did**n't** eat **anything**.（私は何も食べませんでした。）

☑ 634 **everything**

エヴリスィング
[évriθiŋ]

代 **何もかも, すべて**
▶ **Everything** is fine.（すべて順調です。）
単数扱いなので、現在の文では**動詞は3単現の形**
になる。

☑ 635 **anyone**

エニワン
[éniwʌn]

代 **(疑問文で) だれか,**
(否定文で) だれも (〜ない)
▶ Does **anyone** know the answer?
（だれか答えがわかりますか。）

動詞

名詞

形容詞・副詞など

熟語

会話表現

135

1 Jim is going to go to Canada （　）week.
1. next　**2.** last　**3.** before　**4.** after
（ジムは来週, カナダに行く予定です。）

2 *A:* This red T-shirt is 8,000 yen.
B: That's too （　）! I'll take that blue one.
1. old　**2.** thirsty　**3.** expensive　**4.** professional
A: （この赤いTシャツは8,000円です。）
B: （それは高すぎます！あの青いものを買います。）

3 Liz and Kumi send e-mails to each （　）every day.
1. another　**2.** other　**3.** any　**4.** some
（リズと久美は毎日お互いにEメールを送り合います。）

4 I'm （　）. I want something to drink.
1. hungry　**2.** thirsty　**3.** sleepy　**4.** angry
（のどがかわいたよ。何か飲み物がほしいな。）

5 *A:* Look! I bought this book yesterday.
B: It looks （　）. Can I borrow it after you read?
1. tired　**2.** excited　**3.** dirty　**4.** interesting
A: （見て！昨日この本を買ったんだ。）
B: （おもしろそうだね。きみが読んだあと借りていい？）

....

答え　**1** 1　**2** 3　**3** 2　**4** 2　**5** 4

CHAPTER 4

熟語

4級によく出る熟語

この章では，英検4級によく出る熟語を掲載しています。単語・文法問題に加えて，読解問題やリスニングテストでも熟語はよく出題されるので，例文と一緒に正しく覚えましょう。

047

THEME
熟語

☑ 636

want to ～　　　　～したい

▸ She **wants to** join the music club.（彼女は音楽部に入りたがっています。）

☑ 637

go shopping　　　　買い物に行く

▸ I often **go shopping** with my mother.（私は母とよく買い物に行きます。）
〈go＋動詞のing形〉で「～しに行く」という意味。

☑ 638

have to ～　　　　～しなければならない

▸ I **have to** help my mother today.（私はきょう母を手伝わなければなりません。）
否定形の **don't have to ～** は「～する必要はない」という意味。

☑ 639

be going to ～　　　　～するつもりだ

▸ We **are going to** play soccer tomorrow.
（私たちはあしたサッカーをするつもりです。）

☑ 640

a lot of ～　　　　たくさんの～

▸ He saw **a lot of** monkeys at the zoo.（彼は動物園でたくさんのサルを見ました。）
関連 **lots of ～**（たくさんの～）

勤詞

名詞

形容詞・副詞など

熟語

会話表現

☑ 641 at home 家で, 家に

▶ I stayed **at home** all day. （私は一日中家にいました。）

☑ 642 talk about ～ ～について話す

▶ She **talked about** her family in English class.
（彼女は英語の授業で自分の家族について話しました。）

☑ 643 come to ～ ～に来る

▶ Can you **come to** my house tomorrow? （あした私の家に来てくれますか。）

☑ 644 look for ～ ～をさがす

買い物のほかに、道案内でもよく使われる表現だね。

▶ I'm **looking for** a T-shirt.
（Tシャツをさがしているのですが。）

☑ 645 after school 放課後(に)

▶ I have basketball practice **after school**.
（私は放課後にバスケットボールの練習があります。）

☑ 646 ～ years old ～歳

▶ Jane is thirteen **years old**. （ジェーンは13歳です。）

048

647 need to ～
～する必要がある

▶ I **need to** finish my homework.（私は宿題を終わらせる必要があります。）

648 go home
家に帰る

▶ I have to **go home** now.
（私はもう家に帰らなければなりません。）
関連 **get home**（家に着く，帰宅する）

home の前に to は入れないよ。

649 in the morning
朝(に)，午前中(に)

▶ We have four classes **in the morning**.（私たちは午前中，授業が4時間あります。）

650 get to ～
～に着く

▶ We will **get to** the zoo at ten.（私たちは10時に動物園に着くでしょう。）

651 in the afternoon
午後(に)

▶ It started raining **in the afternoon**.（午後，雨が降り始めました。）
関連 **in the evening**（夕方〈に〉）

652 be late for ～
～に遅れる

▶ He **was late for** school today.（彼はきょう学校に遅れました。）

653 listen to ～ 　～を聞く

▶ I often **listen to** music in my free time. （私はひまなとき，よく音楽を聞きます。）

654 come back (to ～) 　(～へ)帰ってくる，(～へ)戻る

▶ She will **come back to** Japan next month.
（彼女は来月，日本へ帰ってくる予定です。）

655 look at ～ 　～を見る

▶ Can I **look at** your pictures? （あなたの写真を見てもいいですか。）

656 a kind of ～ 　～の一種

▶ The woodpecker is **a kind of** bird. （キツツキは鳥の一種です。）
関連 **many kinds of ～** （多くの種類の～）

657 have a cold 　かぜをひいている

▶ I **have a cold**. （私はかぜをひいています。）
関連 **catch a cold** （かぜをひく）

658 like ～ very much 　～がとても好きである

▶ She **likes** playing the piano **very much**.
（彼女はピアノをひくことがとても好きです。）

■)) 049

☑ 659
wake up
目を覚ます, 起きる

▶ Can you **wake** me **up** at six tomorrow morning?
(あしたの朝6時に私を起こしてくれますか。)
〈wake 人 up〉で「(人)を起こす」という意味。

☑ 660
come home
家に帰ってくる, 帰宅する

▶ My father **came home** late at night. (父は夜遅く家に帰ってきました。)

☑ 661
over there
向こうに, あそこに

▶ Where is my bike? — It's **over there**.
(私の自転車はどこにありますか。—向こうにあります。)

☑ 662
get up
起きる, 起床する

▶ I **get up** at six every morning. (私は毎朝6時に起きます。)
関連 go to bed (寝る)

☑ 663
in the future
将来(は)

▶ She wants to teach English **in the future**.
(彼女は将来, 英語を教えたいと思っています。)

☑ 664
on TV
テレビで

▶ I watched a baseball game **on TV**. (私はテレビで野球の試合を見ました。)
関連 on the radio (ラジオで)

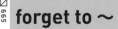
☑ 665 forget to 〜　　〜するのを忘れる

▶ He **forgot to** buy a present for Meg.
（彼はメグにプレゼントを買うのを忘れました。）

☑ 666 a little　　少し

▶ I'm **a little** tired. （私は少し疲れています。）

☑ 667 take a picture　　写真をとる

▶ Can you **take a picture** of us? （私たちの写真をとってくれませんか。）

☑ 668 wait for 〜　　〜を待つ

▶ She **waited for** her mother at the station. （彼女は駅で母親を待ちました。）

☑ 669 make a friend　　友だちをつくる

▶ He **made** new **friends** at summer camp.
（彼はサマーキャンプで新しい友だちをつくりました。）

☑ 670 walk to 〜　　〜へ歩いていく

▶ I **walk to** school every day. （私は毎日，学校へ歩いていきます。）

☑ 671

after work

仕事のあとに

▶ She often goes shopping **after work**.
（彼女はよく仕事のあとに買い物に行きます。）

☑ 672

be good at 〜

〜が得意だ，〜がじょうずだ

▶ My brother **is good at** cooking. （私の兄[弟]は料理が得意です。）

atのあとに動詞がくるときは，動詞は**ing形**にする。

☑ 673

go back (to 〜)

（〜へ）帰っていく，
（〜へ）戻る

▶ He **went back to** Canada last month. （彼は先月カナダへ帰っていきました。）

☑ 674

in front of 〜

〜の前に

▶ She was standing **in front of** me. （彼女は私の前に立っていました。）

関連 **behind** 前 〜の後ろに

☑ 675

next to 〜

〜のとなりに

▶ His house is **next to** the bookstore. （彼の家は書店のとなりにあります。）

☑ 676

right now

今（は），ただ今，今すぐ

▶ She's not home **right now**. （彼女は今，家にいません。）

☑ 677
at noon　　正午に

▶ We met at the station **at noon**.（私たちは正午に駅で会いました。）

☑ 678
call (〜) back　　(〜に)電話をかけ直す

▶ I'll **call back** later.（あとで電話をかけ直します。）

☑ 679
be ready to 〜　　〜する準備ができている

▶ **Are** you **ready to** go to the party?（パーティーに行く準備はできていますか。）

☑ 680
stay with 〜　　〜の家に泊まる[滞在する]

▶ I **stayed with** my uncle for a week.（私は1週間，おじの家に泊まりました。）
関連 stay at[in] 〜（〜に滞在する）

☑ 681
take a shower　　シャワーを浴びる

▶ I **take a shower** before breakfast.（私は朝食の前にシャワーを浴びます。）

☑ 682
try to 〜　　〜しようとする

▶ He is **trying to** make curry.（彼はカレーを作ろうとしています。）
toのあとは**動詞の原形**がくる。

| ☑ 683 | **a member of ～** | ～の一員 |

▶ She is **a member of** the art club.（彼女は美術部の一員です。）

| ☑ 684 | **all day** | 一日中 |

▶ It was sunny **all day**.（一日中晴れていました。）

| ☑ 685 | **arrive at ～** | ～に着く |

▶ The train **arrived at** the station late.（その列車は遅れて駅に着きました。）

| ☑ 686 | **for example** | たとえば |

▶ She visited a few countries, **for example**, France and Italy.
（彼女はいくつかの国，たとえば，フランスやイタリアを訪れました。）

| ☑ 687 | **look like ～** | ～のように見える，～に似ている |

▶ Her sister really **looks like** her.
（彼女のお姉さん[妹さん]は本当に彼女に似ています。）

> この look は「～に見える」の意味だね。

| ☑ 688 | **move to ～** | ～に引っ越す |

▶ They **moved to** Canada last year.（彼らは去年カナダに引っ越しました。）

☑ 689 say hello to ～　　～によろしくと言う[伝える]

▶ Please **say hello to** your family. (あなたのご家族によろしく伝えてください。)

☑ 690 sit down　　すわる, 着席する

▶ She **sat down** at the table. (彼女は食卓につきました。)

関連 **stand up** (立ち上がる, 起立する)

☑ 691 think of ～　　～のことを考える

▶ What do you **think of** our new teacher?
(あなたは私たちの新しい先生のことをどう思いますか。)

　ofの代わりにaboutを使って, **think about ～**でも同じ意味を表す。

☑ 692 all over the world　　世界中で[に]

▶ The singer is popular **all over the world**. (その歌手は世界中で人気があります。)

☑ 693 at night　　夜(に)

▶ What time do you go to bed **at night**? (夜, あなたは何時に寝ますか。)

☑ 694 at once　　すぐに

▶ Sam, it's late. Go to bed **at once**. (サム, 遅いわよ。すぐに寝なさい。)

関連 **right away** (すぐに)

147

052

☑ 695 get off (〜) 　　(〜を)降りる

▶ Where should I **get off** the bus? （私はどこでバスを降りるべきですか。）

関連 **get on 〜** （〜に乗る）

☑ 696 give up (〜) 　　(〜を)あきらめる, (〜を)やめる

▶ Don't **give up**. （あきらめないで。）

相手をはげますときに使う表現だね。

☑ 697 have a seat 　　すわる

▶ Please **have a seat**. （すわってください。）

☑ 698 hear about 〜 　　〜のことを聞く

▶ I **heard about** the school festival from Tom.
（私はトムから文化祭のことを聞きました。）

☑ 699 leave for 〜 　　〜に向けて出発する

▶ When will you **leave for** Australia?
（あなたはいつオーストラリアに向けて出発する予定ですか。）

☑ 700 on sale 　　特売で, 販売されて

▶ Fruits and vegetables are **on sale** today. （本日は果物と野菜が特売です。）

701 on the phone
電話で

▸ My mother was talking **on the phone** then.
（母はそのとき電話で話していました。）

702 one of ～
～の1つ、～のひとり

▸ She sang **one of** her favorite songs. （彼女はお気に入りの歌の1つを歌いました。）
one ofのあとの名詞は**複数形**にする。

703 pick up ～
～を拾う、～をとりあげる、
～を(車で)迎えに行く

▸ We **picked up** a lot of garbage on the beach.
（私たちは浜辺でたくさんのごみを拾いました。）

704 work for ～
～で働いている、
～に勤めている

▸ He **works for** a computer company. （彼はコンピューター会社に勤めています。）

705 a glass of ～
コップ[グラス]1杯の～

▸ Kate drank **a glass of** milk. （ケイトはコップ1杯の牛乳を飲みました。）
2杯以上のときは，two **glasses of** milk（コップ2杯の牛乳）のように表す。
関連 **a cup of ～**（カップ1杯の～）

706 as well as ～
～と同じくらいじょうずに

▸ Bob plays the piano **as well as** Meg.
（ボブはメグと同じくらいじょうずにピアノをひきます。）

動詞

名詞

形容詞・副詞など

熟語

会話表現

053

☑ 707

at first
最初は

▶ He couldn't ski **at first**, but he loves skiing now.
（彼は最初はスキーができませんでしたが，今ではスキーが大好きです。）

☑ 708

at work
仕事中で，職場に[で]

▶ My mother is **at work** now.（母は今，職場にいます。）

☑ 709

be able to ～
～することができる

▶ I **was able to** get a ticket for the concert.
（私はコンサートのチケットを手に入れることができました。）

☑ 710

far away
遠くに

▶ Her brother lives **far away**.（彼女のお兄[弟]さんは遠くに住んでいます。）

☑ 711

for a long time
長い間

▶ Did you wait for her here **for a long time**?
（あなたは彼女をここで長い間待ちましたか。）

☑ 712

go on a trip
旅行に行く

▶ My family **went on a trip** to Kyoto.（私の家族は京都へ旅行に行きました。）
関連 **take a trip**（旅行に行く）

☑ 713

go out　　　　　出かける, 出ていく

この out は「外に出して」という意味だよ。

▶ We will **go out** for dinner this evening.
（私たちは今晩，夕食を食べに出かけるつもりです。）

☑ 714

have a fever　　　熱がある

▶ He **had a fever** and went to the doctor.（彼は熱があったので医者に行きました。）

☑ 715

leave a message　（電話で）伝言を残す, 伝言を頼む

▶ I'd like to **leave a message**.（伝言をお願いしたいのですが。）
関連 take a message（伝言を預かる）

☑ 716

be ready for ～　　～の準備ができている

▶ I'm not **ready for** the trip yet.（私はまだ旅行の準備ができていません。）

☑ 717

slow down　　　　速度を落とす

▶ You're driving too fast. **Slow down**.
（〈車の運転の〉スピードの出しすぎよ。速度を落として。）

☑ 718

stay up late　　　遅くまで寝ないで起きている, 夜ふかしする

▶ You look sleepy. Did you **stay up late** last night?
（眠そうですね。昨夜は夜ふかししたのですか。）
stay up の形でも使われる。

■))) 054

719 take care of ～　～の世話をする、～の面倒をみる

▶ My sister and I **take care of** our dog. (妹[姉]と私が犬の世話をしています。)

720 be full of ～　～でいっぱいである

▶ The garden **was full of** flowers. (庭園は花でいっぱいでした。)

721 be interested in ～　～に興味がある

▶ She **is interested in** American culture.
(彼女はアメリカの文化に興味があります。)

722 because of ～　～のために、～の理由で

▶ We couldn't play tennis **because of** the snow.
(私たちは雪のためにテニスができませんでした。)
　because ofのあとには**名詞**などの**語句**がくる。

723 each other　おたがい

▶ Tom and Lisa looked at **each other**. (トムとリサはおたがいを見ました。)

724 for the first time　初めて

▶ I went to a concert **for the first time** yesterday.
(私はきのう初めてコンサートに行きました。)

☑ 725

hurry up

急ぐ

会話の中で，命令文で使われることが多いよ。

▶ **Hurry up**, Bob! We'll be late.
（急いで，ボブ！ 私たちは遅刻してしまいますよ。）

☑ 726

most of ～

～のほとんど，～の大部分

▶ **Most of** my friends play sports. （私の友だちのほとんどはスポーツをします。）

☑ 727

put on ～

～を身につける，～を着る

▶ She **put on** her coat. （彼女はコートを着ました。）

☑ 728

run away

逃げる，走り去る

▶ My dog **ran away** from home. （私の犬は家から逃げました。）

☑ 729

take a bath

ふろに入る

▶ He usually **takes a bath** before dinner. （彼はたいてい夕飯前にふろに入ります。）

☑ 730

turn off ～

～を消す，～を止める

▶ **Turn off** the TV and go to bed. （テレビを消してから寝なさい。）
関連 turn on ～ （～をつける）

👑 チェックテスト

1 It started snowing (　) the afternoon.

1. on　**2.** to　**3.** in　**4.** at

(午後には雪が降り始めました。)

2 *A:* What are you looking (　)?

B: I can't find my key.

1. for　**2.** at　**3.** by　**4.** around

A: (何を探しているの？)―*B:* (カギが見つからないんだ。)

3 Judy went to the sea and (　) some pictures.

1. knew　**2.** grew　**3.** took　**4.** caught

(ジュディーは海に行って写真を何枚か撮りました。)

4 Ed is good (　) cooking. He makes dinner every day.

1. in　**2.** on　**3.** with　**4.** at

(エドは料理が得意です。彼は毎日夕食を作ります。)

5 Meg and Yuki often talk (　) the phone at night.

1. on　**2.** with　**3.** as　**4.** through

(メグと友紀は夜, よく電話で話します。)

• •

答え　　**1** 3　**2** 1　**3** 3　**4** 4　**5** 1

154

会話表現

■シーン別　4級によく出る会話表現

最後に，英検4級によく出る会話表現をまとめました。会話表現は，筆記問題でもリスニングテストでもよく出題されます。場面別に掲載しているので，同じような場面で使われる表現はまとめて覚えましょう。

出会いと別れのあいさつ

☑ Hi, I'm Riku.
― Hello. My name is Judy.

こんにちは，ぼくはリクです。
― こんにちは。私の名前はジュディーです。

☑ What's your name?
― I'm Takuya. Please call me Taku.

お名前は何ですか。
― ぼくはタクヤです。タクと呼んでください。
関連 May I have your name?（お名前をうかがってもよろしいですか。）

☑ Nice to meet you.
― Nice to meet you, too.

はじめまして。
― こちらこそ，はじめまして。

初対面の人に使うあいさつだよ。

☑ How are you?
― Just fine, thank you.

お元気ですか。
― 元気です，ありがとう。

☑ **I'm glad to see you again.**
— Me, too. How's everything?

またお会いできてうれしいです。
— 私もです。調子はどうですか。

会ったことのある人に再会
したときのあいさつだよ。

☑ **Have a nice weekend.**
— You, too.

よい週末を。
— あなたもね。
関連 **Have a nice day.** (よい1日を。)

☑ **Have a good time.**
— Thank you.

楽しんできてね。
— ありがとうございます。

☑ **Goodbye, Ken.**
— Bye, Judy. See you tomorrow.

さようなら，ケン。
— さようなら，ジュディー。またあしたね。

お礼を言う・あやまる・はげます

☑ **Thank you for your help.**
— Not at all.

手伝ってくれてありがとう。
— どういたしまして。

☑ **Thank you for inviting me.**
— You're welcome.

私を招待してくれてありがとう。
— どういたしまして。

Thank you for ～ing. は「～してくれてありがとう。」の意味。forのあとの動詞はing形。

☑ **I'm sorry I'm late.**
— It's OK.

遅れてすみません。
— いいんですよ。

☑ **You'll do better next time.**
— Thanks.

次はもっとうまくいきますよ。
— ありがとう。

> Thanks. は Thank you. よりもくだけた表現だよ。

Good luck.
— Thank you. I'll do my best.

がんばってね。
― ありがとうございます。全力をつくします。

SCENE

道案内

Where is North Station?
— Go down this street.

ノース駅はどこですか。
― この通りを行ってください。

How can I get to the library?
— Turn right at the next corner.

図書館へはどうやって行けばよいですか。
― 次の角で右に曲がってください。

I'd like to go to the museum.
— Take the Silver Line at North Station.

博物館へ行きたいのですが。
― ノース駅でシルバー線に乗ってください。

 この take は「（乗り物などに）乗る」という意味だよ。

159

057

☑ **Is there a bookstore near here?**
— Yes, it's over there.

この近くに書店はありますか。
— はい，あそこにあります。

☑ **Could you tell me the way to the bank?**
— It's across the street.

銀行へ行く道を教えていただけますか。
— 通りの向こう側にあります。

☑ **Which bus goes to City Hall?**
— Take bus No. 4.

どのバスが市役所へ行きますか。
— 4番のバスに乗ってください。

☑ **How long does it take?**
— About 15 minutes.

(時間は)どのくらいかかりますか。
— 15分くらいです。

この take は「(時間が)かかる」という意味だよ。

SCENE

買い物

☑ **May I help you?**
— I want new sneakers.

いらっしゃいませ。(何かおさがしですか。)
— 新しいスニーカーがほしいのですが。

☑ **How can I help you?**
— I'm looking for a white T-shirt.

いらっしゃいませ。(何かお手伝いしましょうか。)
— 白いTシャツをさがしているのですが。

☑ **What color would you like?**
— Red, please.

何色がよろしいですか。
— 赤をお願いします。

☑ **How about this one?**
— I like it!

こちらはいかがですか。
— 気に入りました!
関連 **I'll take it.** (それをください。)

058

How much is it?
— It's 10 dollars.

(それは)いくらですか。
― 10ドルです。

Here you are.
— Thank you.

(物を手渡して)はい，どうぞ。
― ありがとうございます。

Do you have a larger one?
— Just a moment, please.

もっと大きいのはありますか。
― 少々お待ちください。

この one は，前に出てきた名詞の代わりに使われているよ。

Do you have a blue one?
— I'm sorry, but we don't.

青いのはありますか。
― すみませんが，ございません。

Can I try on this jacket?
— Certainly.

このジャケットを試着してもいいですか。
― ええ，どうぞ。

try on ～は「**～を試着する**」という意味。

SCENE

食事・注文

☑ What would you like?
— A hamburger and a coffee, please.

何にいたしますか。
— ハンバーガーを1つとコーヒーを
1つください。

> coffee はふつう a をつけたり複数形に
> したりしないけど，注文するときには a
> coffee（コーヒー1つ），two coffees
> （コーヒー2つ）などと言うことがあるよ。

☑ What's your order?
— I'd like a steak.

ご注文は何にしますか。
— ステーキをお願いします。

☑ Anything else?
— No, thanks. That's all.

ほかに何かありますか。
— いいえ，けっこうです。それだけです。

☑ Which size would you like?
— Large, please.

どのサイズがよろしいですか。
— Lサイズをお願いします。

Sサイズなら **Small, please.** に，Mサイズなら **Medium, please.** になる。

☑ For here or to go?
— For here, please.

こちらで召し上がりますか，お持ち帰りですか。
— ここで食べます。

☑ Would you like something to drink?
— I'll have orange juice, please.

何かお飲み物はいかがですか。
— オレンジジュースをください。

☑ Can I see the dessert menu?
— Sure.

デザートのメニューを見せてもらえますか。
— もちろんです。

☑ Which would you like, tea or coffee?
— Tea, please.

紅茶とコーヒーでは，どちらがよろしいですか。
— 紅茶をお願いします。

SCENE

電話

☑ Hello. This is Mary speaking.
— Hi, Mary. What's up?

もしもし。(こちらは)メアリーです。
— もしもし，メアリー。どうしたの？

電話で「もしもし」は，
英語では **Hi.** や **Hello.** と
言うんだね。

☑ May I speak to Bob, please?
— Just a minute.

ボブをお願いします。
— 少々お待ちください。

☑ May I talk to Mr. Brown, please?
— Speaking.

ブラウンさんをお願いします。
— 私です。

☑ Is Ted there?
— Sorry, he's out now.

この out は「外
出して」とい
う意味だよ。

テッドはいますか。
— すみませんが，彼は今，外出しています。

060

☑ **Can I take a message?**
— No, thanks. I'll call back later.

伝言をうかがいましょうか。
— いいえ，けっこうです。あとでかけ直します。

☑ **Can I leave a message?**
— Sure. Go ahead.

伝言をお願いできますか。
— いいですよ。どうぞ。

SCENE

誘う・提案する

☑ **Do you have time next Saturday?**
— Yes. What's up?

今度の土曜日は時間がありますか。
— ええ。どうしたのですか。

☑ **Let's go shopping this afternoon.**
— I'm sorry. I have to finish my homework.

きょうの午後，買い物に行きましょう。
— 申し訳ありません。私は宿題を終えなければなりません。

☑ **How about tomorrow?**
— That's fine.

あしたはどうですか。
— いいですよ。

☑ **How about eating out tonight?**
— Sounds good.

今晩，外食するのはどうですか。
— いいですね。

☑ **Do you want to come to the party?**
— Why not?

パーティーに来ませんか。
— もちろん。

Do you want to ～?は「～しませんか。」と人を誘うときに使う表現。

☑ **Shall we play baseball after school?**
— Good idea.

放課後，野球をしましょうか。
— いい考えですね。

061

SCENE

お願いする・許可を求める

☑ **Can you help me with my homework?**
— I'm sorry, but I'm busy now.

私の宿題を手伝ってくれませんか。
— すみませんが，私は今，忙しいです。

help A with Bは「AのBを手伝う」という意味。

☑ **Could you do me a favor?**
— Sure. What is it?

ちょっとお願いがあるのですが。
— いいですよ。何ですか。

☑ **Can I use your dictionary?**
— Of course.

あなたの辞書を使ってもいいですか。
— もちろん。

☑ **May I open the window?**
— No problem.

窓を開けてもよろしいですか。
— かまいませんよ。

SCENE

感想を言う・たずねる

☑ **I like cats. How about you?**
— I don't like cats very much.

私はネコが好きです。あなたはどうですか。
— 私はネコがあまり好きではありません。

☑ **How was your science test?**
— It was easy.

理科のテストはどうでしたか。
— 簡単でした。

☑ **How did you like your new class?**
— It was great.

新しいクラスはどうでしたか。
— すばらしかったです。

　How do you like ～? は，「～はどうですか。」と相手に意見や感想をたずねる表現。

☑ **How do you like my new sweater?**
— It's nice.

私の新しいセーターはどうですか。
— すてきですね。

062

☑ **What do you think of the book?**
— I like it.

その本をどう思いますか。
— 気に入っています。

SCENE

病院・トラブル

☑ **What's wrong?**
— I don't feel well.

どうしたの？
— 気分がよくありません。

☑ **What happened to you?**
— I cut my finger.

何があったのですか。
— 指を切りました。

☑ **How do you feel?**
— I feel much better. Thank you.

> betterはwell
> （健康で、元気で）
> の比較級だね。

気分はどうですか。
— （前より）ずっと気分がいいです。ありがとうございます。

☑ I have a cold.
— That's too bad.

かぜをひいています。
— それはお気の毒です。

関連 I have a fever.（熱があります。）

☑ What's the problem?
— I can't find my key.

どうしたのですか。
— かぎが見つかりません。

☑ You look tired.　Are you OK?
— Not really.

疲れているようですね。だいじょうぶですか。
— あまりよくありません。

☑ You have to see a doctor.
— Yes, I will.

（あなたは）医者にみてもらわなければいけませんよ。
— はい，そうします。

what を使ってたずねる

☑ **What did you do yesterday?**
— I played tennis with Bob.

あなたはきのう何をしましたか。
— 私はボブとテニスをしました。

☑ **What's your favorite subject?**
— I like English the best.

あなたのいちばん好きな教科は何ですか。
— 私は英語がいちばん好きです。

☑ **What club is Mike in?**
— He's in the art club.

マイクは何部に入っていますか。
— 彼は美術部に入っています。

☑ **What kind of music do you like?**
— I like pop music.

あなたはどんな種類の音楽が好きですか。
— 私はポップミュージックが好きです。

what kind of ～は「どんな種類の～」という意味。

172

☑ **What are you going to do in Japan?**
— I'll try a lot of Japanese food.

あなたは日本で何をするつもりですか。
— 私は和食をたくさん食べてみるつもりです。

SCENE

人や理由についてたずねる

☑ **Who is that man?**
— That's Mr. White. He's our new teacher.

あの男の人はだれですか。
— あちらはホワイト先生です。彼は私たちの新しい先生です。

☑ **Who made this cake?**
— My mother did.

だれがこのケーキを作りましたか。
— 私の母です。

☑ **Who can play the piano well?**
— Andy's brother can.

だれがピアノをじょうずに弾くことができますか。
— アンディーのお兄[弟]さんです。

☑ **Whose bag is this?**
— It's mine.

これはだれのバッグですか。
— (それは)私のです。

☑ **Why are you late?**
— The train was late.

英検では, Because
を使わずに理由だけを
答える文もよく出るよ。

あなたはなぜ遅れたのですか。
— 電車が遅れたのです。

☑ **Why did Kathy get up early?**
— Because she had to make breakfast.

キャシーはなぜ早く起きたのですか。
— (なぜなら)彼女は朝食を作らなければならなかったからです。

SCENE

時や場所についてたずねる

☑ **When is your birthday?**
— It's September 9.

あなたの誕生日はいつですか。
— 9月9日です。

☑ When will the store open?
— Next month.

その店はいつ開店する予定ですか。
— 来月です。

☑ What time is it?
— It's eight thirty.

何時ですか。
— 8時30分です。

☑ What time do you get up?
— I usually get up at seven.

あなたは何時に起きますか。
— 私はたいてい7時に起きます。

☑ Where are you going?
— To the bookstore.

あなたはどこに行くところですか。
— 書店です。

☑ Where were you yesterday afternoon?
— In my room.

あなたはきのうの午後，どこにいましたか。
— 自分の部屋です。

☑ **Where did you get this dictionary?**
— At the new bookstore.

あなたはどこでこの辞書を買いましたか。
— 新しい書店です。

SCENE

how を使ったその他のたずね方

☑ **How is the weather in New York?**
— It's sunny.

ニューヨークの天気はどうですか。
— 晴れています。

☑ **How do you come to school?**
— By bus.

あなたはどうやって学校に来ますか。
— バスです。

☑ **How many members are there in your club?**
— Twelve.

あなたの部には何人の部員がいますか。
— 12人です。

How manyのあとの名詞は複数形にする。

☑ **How old is your school?**
— About 60 years old.

～ year(s) old は、「できてから～年」の意味で建物などにも使われるんだね。

あなたの学校は創立何年ですか。
— およそ60年です。

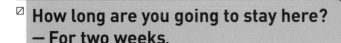

☑ **How long are you going to stay here?**
— For two weeks.

あなたはここにどのくらい滞在する予定ですか。
— 2週間です。

☑ **How often do you swim?**
— Once a week.

あなたはどのくらいの頻度で水泳をしますか。
— 週に1回です。

☑ **How tall is your brother?**
— He's 170 centimeters tall.

あなたのお兄[弟]さんはどのくらいの背の高さですか。
— 彼の身長は170センチメートルです。

1 I'm Kazuhiro. Please call (　).
1. Kazu me　　　　**2.** me Kazu
3. Kazu for me　　**4.** me for Kazu
（ぼくはカズヒロです。カズと呼んでください。）

2 *A:* Good luck on the exam. — *B:* Thank you. I'll (　).
1. like it best　　　　　　**2.** get better
3. get the best question　　**4.** do my best
A: （試験, がんばって。）—*B:* （ありがとう。全力をつくすよ。）

3 *A:* Can I take a message? —*B:* (　). I'll call back later.
1. Yes, please　　**2.** No, thanks
3. Go ahead　　**4.** I don't know
A: （伝言をうかがいましょうか。）
B: （いいえ, けっこうです。あとでかけ直します。）

4 *A:* Do you want to come with me? — *B:* (　) not?
1. How　**2.** Where　**3.** Why　**4.** What
A: （私といっしょに行きたいですか。）—*B:* （もちろんです。）

5 *A:* (　) do you run? — *B:* Twice a week.
1. How often　**2.** How long
3. How tall　**4.** How many
A: （どのくらいの頻度で走りますか。）—*B:* （週に2回です。）

答え　　**1** 2　**2** 4　**3** 2　**4** 3　**5** 1

178

英検4級英単語730さくいん

※この本に見出し語として出てくる単語・熟語730語をアルファベット順に配列しています。
※数字は掲載ページです。

C
D
E
F

JKL

M

H
I
J
K
L
M

P

Q

R

S

S

T

UV

WYZ

T
U
V
W
Y
Z

データ作成	(株)ジャレックス
編集協力	小縣宏行, 甲野藤文宏, 小森里美, 佐藤美穂, 脇田聡, 宮崎史子, 森田桂子
英文校閲	Joseph Tabolt
録音	(財)英語教育協議会(ELEC)
ナレーション	Howard Colefield, Rachel Walzer, 水月優希
DTP	(株)明昌堂
デザイン	高橋明香
イラスト	加納徳博, タニグチコウイチ

※赤フィルターの材質は「PET」です。

本書に関するアンケートにご協力ください。
右のコードからアクセスし、
以下のアンケート番号を入力してご回答ください。
当事業部に届いたものの中から抽選で
年間 200 名様に、「図書カードネットギフト」
500 円分をプレゼントいたします。
アンケート番号：305776

ランク順英検 4 級英単語 730　新装版

本書は弊社より 2018 年 3 月に刊行された『ランク順英検 4 級英単語 730』の新装版です。

©Gakken
本書の無断転載, 複製, 複写(コピー), 翻訳を禁じます。
本書を代行業者等の第三者に依頼してスキャンやデジタル化することは, たとえ個人や家庭内の
利用であっても, 著作権法上, 認められておりません。

② データ管理コード：23-2031-2406 (CC2014／2021)